"*Moto apambolama oyo akotalela YAWE mpe oyo YAWE
Azali elikia na ye. Pamba te akozala
lokola nzete oyo ekonami pembeni
na mai oyo ekosembola misisa
na yango pembeni na ebale;
akobanga te wana ekoya moi makasi
kasi nkasa na ye ikozala mibesu:
akobanga na elanga na kokauka te,
akotika kobimisa mbuma mpe te.*"
(Jelemia 17:7-8)

MOTO OYO AKOLANDAKA LIPAMBOLI NA SOLO Na Dr. Jaerock Lee
Ebimisami na ba Buku Urim (Mokambi: Johnny. H. Kim)
235-3, Gur-dong 3, Guro-gu, Seul Coree
www.urimbooks.com
TEL: 82-2-818-7346
FAX: 82-2-851-3854

Edition na Dr. Geumsun Vin www.urimbooks.com
Droit D'auteur © 2009 na Dr. Jaerock Lee
ISBN: 979-11-263-1233-7 03230
Copyright na Traducteur © 2008 na Dr, Esther K. Chung. Bakosalela yango soki nzela epesami.

Kobimisama eleka na ki Coreen na Ba Buku Urim na 2007

Publication way ambo na Mai 2009

Edition na Dr. Geumsun Vin
Desin na Ndako na Edition na ba Buku Urim
Mpona boluki na Koyeba mingi, komela: urimbook@hotmail.com

Liteyo na Tango na Kobimisa Buku

Ezali na lisolo eye ekomama na universite ba Rome. Motangi moko oyo azalaki na kokoso na misolo akendeki epai na mobange moko moto na misolo mingi mpona kosenga lisungi. Mobange yango atunaki ye na nini ekosalela misolo yango. Moyekoli azongisi monoko ete ezalaki mpona kosilisa kelasi na ye.

"Nde bongo?"

"Nakosengela kozwa mosolo"

"Nde sima?"

"NNakobala

"Sima na yango?"

"Nakokoma mobange."

"Nde sima?"

"Suka suka nakokufa."

"Sima na yango?"

" ... "

Ezali na liteyo malamu kati na lisolo oyo. Soki motangi azalaki moto oyo azalaki koluka lipamboli na solo eye akokaki kozwa mpona libela, ye akokai kozongisa monoko été, « Nakokende na Lola, » na motuna na suka na mobange. Na momesano, kati na baton a mokili oyo bato bamonaka kozala na biloko lokola, bozwi, nzoto makasi, koyebana, bokonzi, mpe kimia kati na libota ezali mapamboli. Bbundaka mpona kozala na biloko oyo. Kasi soki tokotala zingazinga, tokoki komona ete ezali na moke oyo bakosepelaka mapamboli oyo nioso.

Mabota misusu bakoki kozala na nkita, kasi mingi kati na

bango bakoki kozala na makambo to ba kokoso kati na boyokani kati na baboti, bana, to mpe babokilo. Ata moto na misolo mingi akoki kobungisa bomoi na ye na tango nioso likolo na makama to ba bokono.

Na Avril 1912, ba nkoto na bato bazalaka kobembuka na kimya kati na masua monene na lux eye ekotaka kati na likama na bato mingi kokufa. 'Titanique,' elongo na bato 2,300 kati na yango, etutaka libanga monene na malili mpe ezindaki na mobembo na yango na liboso. Ezalaki masua na babembuki na misolo eleki monene kati na mokili na kobetaka mpona malamu mpe luxe na yango, kasi moto moko te ayebaka nini ekokoma sima na mu aba tango moke.

Moto moko te akoki koloba mpona lobi solo. Ata soki moto alkoki kosepela na bozwi, koyebana, mpe bokonzi kati na mokili oyo mpona bomoi na ye nioso, akoki te kozala mopambolami soki ye akweyi kati na lifelo mpe anyokwami mpona libela. Na bongo, lipamboli na solo ezali mpona kozwa lobiko mpe kokota kati na bokonzi na Lola.

Ba mbuma 2,000 eleka, Yesu abandaka mosala na Ye na liteyo eye, "Bongola motema, bokonzi na Nzambe ebelemi!" Liteyo na liboso oyo elandaki sango oyo ezalaki 'bato na esengo,' na oyo bakokaki kokoma na bokonzi na likolo. Epai na bato oyo bakolimwa lokola londende, Yesu Alakisaka mpona lipamboli na libela, mingi mingi lipamboli na solo mpona kokende na bokonzi na likolo.

Ayekolisaki bango mpe mpona kokoma pole mpe mungwa na mokili, mpona kokokisa Mobeko kati na bolingo, mpe kokokisa Baton a esengo. Yangon ekomama longwa na Matai chapitre 5 kino chapitre 7. Yango ebengama 'Liteyo likolo na Ngomba.'

Mingi mingi, elongo na Bolingo na Molimo kati na 1 Bakolinti chapitre 13 mpe mbuma na Molimo kati na Bagalatia chapitre 5, Baton a esengo elobeli biso mpona nzela mpona kokoma moto na molimo.

Ezali na elembo na nzela mpona biso kokoka komitala biso mpenza, mpe eloko na motuya mpona biso tokoka kobulisama mpe tokota kati na Yelusaleme na Sika epai wapi Ngwende na Nzambe ezwami mpe esika na koingela eleki na nkembo kati na Lola.

Boko oyo Moto Oyo Akolukaka Lipamboli na Solo ezali lisanga na mateya likolo na Bato na Esengo eye Nateyaka kati na lingomba na ba mbala.

Soki tokokisi maloba kati na Baton a Esengo, tokosepela kaka te mapamboli nioso na mokili oyo lokola nkita, nzoto makasi, koyebana, bokonzi, mpe kimia kati na libota, kasi tokozwaka mpe Yelusaleme na Sika kati na ebele na bisika na koingela na Lola. Lipamboli eye epesami na Nzambe ekoki te koningisama kati na mikakatano na ndenge na ndenge. Soki tokokisi kaka Baton a Esengo, tokozala na bosuki moko te.

Nabondeli ete, na nzela na buku oyo, ebele na bato bakombongwana na bato na molimo ba oyo bakolukaka mapamboli na solo mpe bakozwa mapamboli nioso ebongisama na Nzambe. Napesi mpe matondi na Geumsun Vin, directrice na ndako na edition mpe basali nioso.

Dr. Jaerock Lee

Table de Matière

Sango na Tango na Kobimisa Buku

Chapitre 1

Mapamboli epai na Babola na Molimo,
mpo ete Bokonzi na Likolo Ezali na Bango

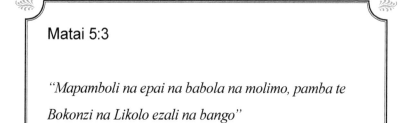

Matai 5:3

"Mapamboli na epai na babola na molimo, pamba te Bokonzi na Likolo ezali na bango"

Mokatellami na kufa kati na boloko na America azalaki kotangisa mpinzoli na tango asimbaki lokasa na ba sango na maboko ma ye. Mama na likambo ezalaki kolobela inauguration na mokonzi na ekolo na ntuku mibale na mibale na Etats Unis na America, Stephen Grover Cleveland. Moto na boloko oyo azalaki kotala ye atunaki na ye mpona nini azalaki kolela makasi. Abandi kolimbola na moto na ye nan se.

Akobaki na kolobaka ete, "Stephen na ngai towuti na college moko. Mokolo moko

Kopona na ngonga moko ekoki kobongola bomoi mobimba na moto oyo. Kasi, yango ezali kaka mpona bomoi na mokili oyo. Bomoi na bison a seko ekoki mpe koombongwana likolo na kopona eye tokosalaka.

Ba Oyo Babengisami na Elambo na Lola

Kati na Luka chapitre 14, moto moko asalaki elambo monene mpe abengisaki ebele na bato. Atindaki basali na ye mpona komema babiangami kasi basali nioso bazongaki bango moko. Babiangami bazalaki na ebele na maloba, nde bazalaki na ngonga te mpona koya.

"Nasombi elanga mpe ekoki na ngai kobima mpe kotala yango. Nalombi nay o ete ondima kozanga na Ngai."

Nasombi bibolo na ngombe mitano, mpe nakei komeka yango, Nalombi nay o ete ondima kozanga na Ngai."

" "Nabali mwasi, yango wana nakoki koya te."

Mosalisi na elambo atindi lisusu basali na ye kati na mboka mpona komema babola, bakufi miso, mpe bato oyo bakotambolaka te longwa na nzela mpona kokabola na bango elambo elongo. Kati na lisese oyo Yesu Akokisi ba oyo bazwaki kobengama oyo na ba oyo bapesamelaki invitation mpona elambo na Lola.

Lelo, ba oyo bazali bazwi kati na molimo baboyaka kondima Sango Malamu. Bapesaka maloba mingi na komilongisa mpona kooya ten a tango ba oyo bazali babola na molimo bakondimaka nokinoki . Yango tina ekuke na liboso mpona koleka na lipamboli na solo ezali kokoma moto oyo azali mobola na molimo.

Babola na Molimo

Kozala "mobola na molimo" ezali kozala na motema mobola. Ezali kozaa na motema eye ezali na lolendo te, lofundu, moyimi, mpe mposa na moto ye moko, to mabe te. Na bongo, ba oyo bazali 'babola na molimo' bandimaka Sango Malamu na pete. Sima na kondimela Yesu Christu, bakolikia mpona makambo na molimo. Bakokoka mpe kombongwana nokinoki na nguya na Nzambe.

Basi misusu bakolobaka ete, "Mobali na nagi azali solo moto malamu, kasi alingi kondima Sango Malamu te." Bato bakomonaka moto kozala malamu soki akosalaka mosala na mabe ten a libanda. Kasi ata soki moto akomonanaka lokola malamu, soki akondima Sango Malamu te mpo ete motema na ye mozwi, lolenge kani tokoka koloba ete azali mpenza malamu?

Kati na Matai chapitre 19, elenge moko ayaki epai na Yesu mpe atunaki eloko nini na malamu asengelaki na kosala mpona kozwa bomoi na seko. Yesu Alobelaki ye ete abatela mibeko nioso na Nzambe. Nde boye na kobakisa na yango, Ayebisaki ye ete atekisa biloko na ye nioso, apesa yango na babola, mpe alande Ye.

Elenge mobali akanisaki ete alingaki Nzambe mpe Abatelaki mibeko na Ye malami mpenza. Kasi ye akendaki na komilelaka kati na ye. Ezalaki mpo ete azalaki na misolo mingi, mpe amonaki bozui na ye na motuya koleka kozwa bomoi na seko. Na komonaka ye Yesu Alobaki ete, "Koingela na kamela na liso na ntonga eleki bolembu na koingela na mozui kati na Bokonzi na Nzambe" (et.24).

Awa, kozala mozwi elakisi kaka te ete kozala na biloko mpe nkita monene. Elakisi kozala mozwi kati na molimo. Bato oyo bazali bazwi na molimo bakoki kosala likambo mabe mingi na libanda te, kasi bazali na mposa makasi na mosuni. Bakosepelaka na misolo, bokonzi, boyebi, lolendo, makambo na kosepelisaka nzoto, komisepelisaka bango mpenza, mpe bisengo na lolenge misusu. Yango ntina bakoyokaka mposa na Sango Malamu te, mpe bakolukaka Nzambe te.

Mapamboli na Nkita Mpona ba Oyo Bazali Baola kati na Molimo

. Kati na Luka chapitre 16, moto na misolo amisepelisaki ye

mpenza mpe azalaki kosala bilambo mikolo na mikolo. Azalaki mpenza na bowi nde motema na ye ezalaki mpe na bowi; ayokaki mposa na kondimela Nzambe te. Kasi mobola Lazalo azalaki konyokwama na na ba bokono mpe asengelaki na kosenga na ekuke na ndako na moto na bozwi. Mpo ete azalaki mobola na molimo, alukaki Nzambe.

Nini ezalaki lifuta sima na bango kokufa? Lazalo abikisamaki mpe akokaki kopema na ntolo na Abalayama, kasi mozwi akweyaki kati na Ewelo mpe ayaka na konyokwama mpona seko.

Moto izalaki mpenza makasi nde ye alobaki ete, "Tata Abalayama! Yokela ngai mawa! Tinda Lasalo ete atia songe na mosapi na ye na mai mpe amama lolemo na ngai' (et.24). Akokaki kokima pasi te ata mpona ngonga moko.

Bongo, moto na lolenge nini mopambolami azali? Ezali te moto oyo azali mpenza na ebele na biloko mpe na bokonzi mpe akosepelaka bomoi na ye kati na mokili oyo lokola moto mozwi. Ata soki bomoi na ye ezali nan se, ezali mpenza bomoi na kopambolama na kondimela Yesu Christu mpe kokota kati na Bokonzi na Likolo lokola Lazalo. Lolenge nini tokoka kopima bomoi kati na mokili oyo, oyo ezali kaka mpona ba mbula ntuku sambo to mpe ntuku mwabe na bomoi na seko?

Lisese oyo elobeli na biso ete likambo na motuya ezali te soki to mpe te tozali bazwi kati na mokili oyo, kasi kozala babola kati na molimo mpe kondimela Nzambe.

Kasi elakisi te ete, moto oyo azali mobola kati na molimo mpe andimeli Yesu Christu asengeli kobika bomoi na mobola mpe anyokwama na ba bokono lokola Lazalo mpona kobika. Kasi kutu, mpo ete Yesu Asikola bison a masumu na biso mpe mpe Ye moko Abikaki bomoi kati na bobola, na tango tozali babola kati na molimo mpe tobiki kolandana na Liloba na Nzambe, tokoki kozala bawi(2 Bakolinti 8:9).

3 Yoane 1:2 elobi ete, "Molingami, Nazali kobondela ete opambwama na makambo nioso mpe ete ozala na nzoto makasi pelamoko ezali molimo nay o kopambwama." Lolenge molimo na biso ezali kopambwama, tokozala na nzoto makasi na molimo mpe na mosuni, mpe tokozwa mapamboli na misolo, kimia na libota, mpe bongo na bongo.

Ata soki tondimela Yesu Christu mpe toyei na kosepela lipamboli na misolo, tosengeli kobatela kondima na biso kati na Chritu kino suka mpona kozwa mpenza mpenza Bokonzi na Likolo. Soki tokolongwaka na nzela na lobiko na kolingaka mokili oyo, ba nkombo na biso ikoki kolongolama na buku na bomoi (Njembo 69:28).

Yango ezali kaka lokola momekano na kopota mbangu. Na tango mopoti oyo azaali kpota moto na liboso alongwe na kopota mabngu liboso na mondelo na kosukisa, ye akoki te kozwa likabo soko te medaille na wolo.

Mingi mingi, ata soki tozali kobika sasaipi bomoi na bolamuki kati na Christu, soki tokomi bazwi lisusu kati na motema likolo na komekama na misolo mpe bisengo na mokili, bopikiliki na biso ekokita. Tokoki ata kolongwa na Nzambe. Soki tosali bongo, bongo tokoka te kokoma na Boknzi na Lola.

: Yango tina 1 Yoane 2: 15-19 etangi ete:

Bolinga mokili te soko makambo kati na mokili te. Soko moto nani akolingaka mokili, bolingo na Tata ezali kati na ye te. Pamba te makambo nioso kati na mokili, na mposa mabe na nzoto mpe mposa mabe na miso mpe nzombo na bizaleli euti na Tata te kasi euti na mokili.

Kolongola ba Mposa Mabe na Mosuni

Ba mosa mabe na mosuni ezali makanisi na lokuta miye mikotelemaka kati na motema. Yango mazali lolenge na koluka kosumuka. Soki tozali na koyina, kanda, ba mposa mabe, likunia, mpe makanisi na bilulela mpe lolendo kati na motema na biso, tokolinga komona, koyoka, kokanisa, mpe kosala kolandana ba lolenge wana.

Ndakisa, soki moto azali na bizaleli na kosambisaka mpe kokatelaka mabe bausu, bakozala na mposa na koyoka makambo likolo na basusu. Nde bongo, na kozanga ata kotala to mpe koyeba mpe komona solo, bakopanza makambo mana mpe bakotuka basusu mpe bakoyoka malamu to mpe esengo na tango bazali kosala bongo.

Lisusu, soki moto na nkanda kati na motema, akozwa nkanda ata na likambo moke. Akoyoka malamu kaka sima na ye kosopa nkanda na ye. Soki ameki kokanga komata na nkanda na ye, ekozala pasi mpona ye, nde akoka komikanga te kasi kaka kosopa nkanda na ye.

Mpona kolongola ba mposa mabe wana na mosuni, tosengeli kobondela. Tokoka solo kolongola miango soki tozwi totondisama na Molimo na nzela na mabondeli makasi. Na bokeseni, soki totiki kobondela to mpe tobungisi kotondisama na Molimo, tokopesa libaku malamu na Satana mpona koningisa baposa mabe na mosuni. Mpe lokola lifuti, tokoki kosumika kati na misala.

1 Petelo 5:8 elobi ete, "Bomisenjela na molimo, bolala mpongi te; motelemeli na bino, zabolo, akotambola lokola nkosi konguluma, kolukaka soko akolia nani." Na nzela na mabondeli, tosengeli tango nioso kosenjela mpona kozwa botondisami na Molimo Mosantu. Na nzela na mabondeli na kafukafu tokoki kokoma babola kati na molimo na kolongolaka bba posa mabe na nzoto, yango ezali masumu na makila.

Kolongola ba Mposa Maben a Miso

Ba mposa mabe na miso mizali masumu kati na moto maye makoningisama na tango tomoi to mpe toyoki likambo. Ekomemaka bison a kolinga mpe kolada makambo tomoni mpe toyokaki. Na tango tomoni eloko moko, soki tondimeli yango elongo na ba mposa, na tango tomoni eloko na lolenge moko na sima, ekoningisa ba mposa na lolenge moko. Ata na kozanga komona, kaka na koyoka likambo na lolenge moko, mposa na lolenge moko ekotalisama, na komemaka ba mposa mabe na miso.

Soki tolongoli te kasi tokobi na tondima mposa mabe oyo na miso, ekoningisa mposa mabe na nzoto. Mpe sukasuka ekoki solo komema na kosala lisumu kati na misala. Dawidi, oyo azali moto na motema na lolenge na Nzambe, asumukaki mpe likolo na mposa mabe na miso.

Mokolo moko, sima na Dawidi kokoma mokonzi mpe ekolo eyaka kozwa kimia, Dawidi azalaki likolo na ndako mpe na libaku malamu amonaki Beleseba, mwasi na Ulia, kosokola. Amekamaki mpe akamataki ye mpe alalaki ye.

Na tango wana, mobali na ye azalaki kati na etumba mpona ekolo. Na sima, Dawidi ayaki koyeba ete Beleseba azalaki na mokumba. Mpona kobomba mabe na ye, abengisaki Ulia longwa na esika na bitumba mpe asengaki na ye ete alala na ndako na ye.

Kasi kati na komitungisa mpona baninga ba ye basoda ba oyo bakobaki na etumba, alalaki kaka na ekuke na ndako na mokonzi. Na tango makambo masalemaki lolenge elingelaki ye te, Dawidi atindaki Ulia na molongo na liboso kati na etumba mpo ete abomama.

Dawidi akanisaki ete alingaki Nzambe mingi koleka moto nioso. Ata bongo, lokola mposa mabe na miso eyelaki ye, asalaki mabe na kolala mwasi na moto mosusu. Lisusu, mpona kozipa yango, asalaki mabe eleki monene na koboma.

Na sima, lokola lifuti, akotaki kati na momekano monene. Mwana mobali eye Beleseba abotaki akufaki, mpe ye asengelaki kokima botomboki na mwana na ye, Abasoloma. Ayokaki ata bilakeli mabe na moto na nse.

Na nzela na oyo, Dawidi akokaki kososola lolenge na mabe kati na motema na ye mpe atubelaki mpenza liboso na Nzambe. Sukasuka, akomaki mokonzi oyo Nzambe Asalelaki makasi mpenza.

Mikolo oyo, bilenge bakosepelaka kotala makambo na nsoni

kati na ba filme to mpe na nzela na internet. Kasi basengeli te kozwa yango mpamba. Ba mposa mabe na miso na lolenge wana ekopelisaka mposa mabe na nzoto.

Tika ete topima yango na bitumba na molimo. Toloba ete posa mabe na mosuni etalisami na basoda oyobazali kobunda kati na lopango na mboka. Bongo mposa mabe na miso ezali lokola bazali kobakisela bango to mpe kopesa bango biloko esengeli nabango kati na lopango na mboka. Soki ekopesamela bango biloko mbala na mbala, bakozwa makasi eleki mpona kobunda. Soki posa mabe na mosuni eyeisami makasi tokoka te kolonga yango.

Na bongo, mpo ete ekoki na mokano na biso moko mpona kokata ba mposa mabe na miso, tosengeli te kotala, koyoka, to mpe kokanisa likambo moko eye ezali solo te.

Kolongola nzombo na Bomoi Oyo

Nzombo na bomoi oyo ezali ezaleli na komimatisa kati na moto ye mpenza. Ezali komisangisa kati bisengo na mosuni na mokili oyo mpona kosepelisa ba mposa mabe na mosuni mpe ba mposa mabe na miso mpe kokokisama na lokuta libos na basusu. Soki tozali na ezalaleli na lolenge oyo, tokomimatisaka mpona misolo, lokumu, mayebi, makoki, komonana na miso na bato mpe bongo na bongo mpona komimoonisa biso moko mpe bato batiela biso miso.

Yakobo 4:16 elobi ete, "Nde sasaipi bozali komikumisa na

nzombo na bino. Komikumisa nyoso na motindo yango ezali mabe." Komimatisa na lolenge nioso ezali na litomba moko te mpona biso. Na boye, lolenge elobami kati na 1 Bakolinti 1 :31, ' Tika été ye oyo azali kmikumisa, amikumisa kati na Nkolo, '' tosengeli komikumisa kaka kati na Nkolo mpona kopesa Nzambe nkembo.

Komikumisa kati na Nkolo ezali komikumisa mpona Nzambe kopesa biso biyano, kopesa biso mapambooli mpe ngolu, mpe mpona oyo matali Bokonzi na Lola. Ezali kopesa nkembo na Nzambe mpe kolona kondima mpe elikia epai na bayoki mpo ete bazala na mposa na makambo na molimo.

Kasi bato misusu baloobaka ete bakmimatisaka kati na Nkolo, kasi na lolenge bakolukaka komimatisa na nzela na yango. Mpona likambo oyo, ekoka kobongola basusu te. Na bongo, tosengeli komitala biso mpenza kati na makambo nioso mpo ete nzombo na bomoi oyo eyela biso te (Baloma 15:2).

Kokoma Muana kati na Molimo

Ezalaki na mwana moke kati na mboka moke na America. Mpo ete ndako na kelasi na ye na lomingo ezalaki moke mingi mpenza, ye abandaki koobondela epai na Nzambe mpo ete Apesa bango ndako na kelasi monene. Ata sima na mikolo mingi, ezalaki na eyano moko te, nde bngo abandaki kokoma mikanda epai na Nzambe mikolo nioso.

Kasi, libs na ye akoma na mbula zomi akufaki. Lolenge mama na ye azalaki kolandela biloko na ye, amonaki libke monene na mikanda eye ye akomelaki Nzambe. Atalisaki yango epai na Pasteur, mpe ye asimbamaki makasi na motema. Alobelaki yango kati na liteya.

Sango oyo epanzanaki na bisika mingi, mpe mabonza mabandaki koya longwa na bipai na bipai mpe na kala mingi te ezalaki mingi na koleka mpona ktonga lingomba na sika. Sima na tango, kelasi na elementaire mpe kelasi na segondaire mitongamaki na nkombo na ye, mpe sima na yango ata institute superieure. Ezalaki lifuti na kondina na muana oyo ayebi eloko moko te kasi andimaki été Nzambe Azali Ye oyo Akopesa oyo esengaki ye.

Kati na Matai chapitre 18, bayekoli batunaki Yesu nani alekaki monene kati na Bokonzi na Lola. Yesu Azongiselaki bango ete, "Nazali koloba na bino solo ete, Soko bokobngwana mpo na kokoma lokola bana mike te bokoingela na Bokonzi na Likolo te" (et. 3). Liboso na Nzambe, kozanga kotala mbula, tosengeli kozala na motema na muana moke.

Bana azalaki na likamboo te mpe azali petwa, nde boye bakondimaka nioso lolenge elakisameli bango. Na boye, kaka na tango tondimi mpe totosi Liloba na Nzambe lolenge toyoki mpe toyekoli yango nde tokoka kokota kati na Bokonzi na Likolo.

Ndakisa, Liloba na Nzambe elobi ete 'Bondela Tango iso,' mpe tosengeli kobondela na kotika te,' mpe tosengeli kobndela na kozanga koluka na komilongisa. Nzambe Alobeli biso ete tosepela tango nioso, nde bongo, tosengeli kosala bongo na kozanga kokanisa ete, 'Lolenge nini nakoki kosepela tango nazali na makamb mazali kozokisa motema na ngai?' Nzambe Alobeli biso ete toyina te, mpe tomeka klinga ata bayini na bison a kozanga komilongisaka.

Lolenge oyo, soki tozali na motema na bana, tokotubela nokinoki na mabe oyo tosalaki mpe tokomeka kobika kolandana na Liloba na Nzambe.

Kasi soki moto abebisami na mokili mpe abungisi kozanga kosala likambo na ye, akoyoka pasi moko tea ta soki asumuki. Akosambisaka mpe kokatela mabe basusu, akopanza mabe na bato misusu mpe bosuki na bango, koloba ba lokuta moke to mpe minene, kasi akozanga kososola ete azali kosala ata makambo mabe.

Akobanda kotala basusu mpamba, akomeka ete basalela ye, mpe soki eloko ezali na lifuti na ye te, ye akobosana kaka na mbala moko ngolu eye epesamelaka ye. Kasi yango ekoningisa ata motema na ye te. Mpo ete azali na mposa monene na koluka bolamu na ye moko, akosala na lolenge oyo mpona kozwa yango.

Kasi kati na solo, soki tokomi bana na molimo, tokoozongisa na kosimbama mpona mabe mpe malamu. Soki tomni eloko moko malamu, tkosimbama na bopete mpe tokotangisa mpinzoli, mpe tokoyina mpe tokoyina nini ezali mabe.

Ata soki bat kati na mookili balbi ete ezali mabe te, soki Nzambe Alobi ete ezali mabe, tokoyina yango kati na motema na biso mpe tokomeka kosala lisumu moko te.

Lisusu, muana azalaka na lolendo te, nde akotelemela likanisi na ye moko te. Ye akondima kaka oyo bato balakisi ye. Na lolenge oyo, muana na molimo akotelemela lolendo na ye moko te to mpe komeka komimatisa. Bakomi na mibeko na ba Falisai na ekeke na Yesu bazalaki kosambisa mpe kookatela mabe basusu na klobaka ete bayebaki sol, kasi muana na molimo akosala likamb na lolenge wana te. Akomikitisa kaka mpe kosekama kaka lokola Nkolo na biso.

Bongo muana na molimo akobetisa sete te ete ye malamu na tango azali koyoka Liloba na Nzambe. Ata soki ezali na likambo eye ekokani na mayebi na ye te to eloko moko oyo ye azali kososola te, akosambisa te to mpe akoozanga ksosola, kasi akondimela mpe akotoosa kaka yango. Na tango ayoki likolo na misala na Nzambe, akotalisa lolendo na lolenge moko te to mpe lofundu kasi akolikia koomona misala na lolenge moko ye moko mpe lokola.

Soki tokomi bana na molimo, tokondimela mpe tokotosa Lilooba na Nzambe lolenge yango ezali. Soki tomoni lisumu na lolenge moko klandana na Liloba na Nzambe, tokoluka kombongwana biso moko mpenza.

Kasi na makambo misusu, bakobikaka bomoi kati na Kristu mpona ba mbula milayi, mpe bango babombaka kaka Liloba na Nzambe lokola mayebi, mpe mitema na bango mikomi oyo na mokolo. Na tango bango bazwaka ngolu na Nzambe na ebandeli, batubelaka mpe bazalaka kokila bilei mpona kolongola masumu na bango eye bango bamonaki, kasi na sima, bango bakomaki mangongi.

Na tango bakoyokaka Liloba, bakokanisa ete, "Nayebi yango." To, bakotosaka kaka makambo oyo etali bolamu na bango to mpe makambo oyo bakoki kondima. Bakosambisaka mpe bakokateelaka mabe basusu na Liloba oyo bango bayebi.

Na bongo, kokoma moobola kati na molimo, tosengeli liboso komona mabe kati na bison a nzela na Liloba, kolongola yango na nzela na mabondeli makasi, mpe kokoma bana na molimo. Kaka wana nde tokokoka kosepela mapamboli niso eye Nzambe Abongisela biso.

Lipambola na Kozwa Bokonzi na Seko na Lola

Bongo, mpenza mpenza, mapamboli na lolenge nini ba oyo bazali babola na molimo bakozwa? Matai 5:3 elobi ete, "Mapambooli epai na babola na molimo, pamba te Bokonzi na Likolo ezali na bango," mpe lokola elobami, bakozwa lipamboli na sol mpe na seko, mingi mingi boknzi na Lola.

Bokonzi na Lola ezali esika wapi bana na Nzambe bakoingela. Ezali esika na molimo eye ekoki te kopimama na mookili oyo. Kaka lolenge baboti bazelaka bana na bango babotama mpe bakobongisaka nioso lokola ba jouets mpe pusupusu na bebe, Nzambe Azali kobongisa Bokonzi na Lola mpona ba oyo bazali babola na molimo, kofungola mitema na bango, mpe kondimaka Sango Malamu mpona kkoma bana na Ye.

Lolenge Yesu Alobi kati na Yoane 14:2, "Na ndako na Tata na Ngai, bisika bizali mingi," ezali na ebele na bisika na kofanda kati na bokonzi na Lola. Kolandana na loolenge kani tokolingaka Nzambe mpe tokobikaka kolandana na Liloba na Ye mpona kobatela kondima na biso, bisika na kobika kati na Lola ekokesana.

Soki moto moko azali mobola kati na molimo, kasi atikali kaka na esika na kondimela Yesu Christu mpe na kozwa kaka lobiko, Ye akookende na Paradiso mpona kobika kuna mpona seko. Kasi lolenge moto akokoba na bomi na ye kati na Christu mpe ambongwani ye moko mpenza na Liloba na Nzambe, nde bokonzi na Liboso, na Mibale, mpe na Misato kati na Lola ekopesamela ye.

Lisusu, ye oyo akokisi kobulisama kati na motema mpe azala sembo kati na ndako na Nzambe mobimba akozwa esika eleki kitoko mpe bomoi na esengo kati na bokonzi na Loola. Awa, tika ngai natalisa bino moke likolo na bomoi kati na Yelusaleme na Sika.

Kati na Mboka na Yelusaleme na Sika, esika wapi pole na nkembo na Nzambe ekongalaka, mingongo na ba nkembo na banje ekoyokanaka na mosika. Nzela na wolo ekatikati kati na ba ndako minene miye mitongomi na wolo mpe mabanga na talo maye makobimisaka minda na kongala. Mokili kitoko na ba mabwaku makoka na matiti mibesu bisika nioso, ba pelouse, ba nzete, mpe ba fololo kitoko mabongisama malamu. Ebale na Mai na Bomoi, eye ezali petwa lookola kulusutala, ekotiolama na kimia. Ba zelo kitoko na wolo ezali na libongo na ebale. Pembeni na banc na wlo ezali na bakitiunga iye izali na ba mbuma na nzete na bomoi. Na mosika moto akoki komona main a monana lokola talatala. Kati na mai monana, ezali na masua kitoko mingi eye esalema na ebele na mabanga na motuya.

Bato oyo bakotaka kati na esika oyo bakosalelama na ebele na banje, mpe bakosepelaka boknzi na bakonzi na bikolo. Bakoki kopimbwa na mapata na kotambwisaka mituka na lolenge na mapata. Bamonaka Nkolo tango nioso na pembeni mpe basepelaka bilambo na Lola elongo na basakoli bakende sango.

Lisusu na koobakisa, kati na Yelusaleme na Sika ezali na ebele na biloko na motuya mpe kitoko eye tokoki komona te kati na mokili oyo. Esika nioso ezali komonana na makambo makolotisaka mpenza.

Na bongo, tosengeli te kaka kotikala na esika na kozwa kaka lobiko, kasi kozwa mingi na molimo mobola mpe tomibongola biso mpenza na Liloba, mpo ete tokoka kokota kati na Mboka na Yelusaleme na Sika, esika eleki mtuya mpona kofanda kuna na Lola.

Motuya Koleka Epai na Nzambe Ezali Lipamboli na Biso

Na tango tokmi babola na molimo, tokokutana kaka na Nzambe te mpe tozwa lobiko, kasi mpe lisusu tokozwa mpe boknzi lokola bana na Nzambe elongo na mapambli misusu. Tika natalisa bino litatoli na mpaka mko kati na lingomba. Ye anykwamaki na bkono na 'pollution' to mpe ebengama na lolenge mosusu 'bokono na danger publique,' kasi azwaka lipamboli na kozala mobola kati na molimo.

Ba mbula zomi maleka, asengelaki kozwa bopemi na mosala na ye likolo na bokono yango. Mbala mingi asengelaki koyoka kopelapela kati na ye na tina na kosukisa bomoi na ye likolo na koyoka lokola lisungi mpona ye ezali lisusu te. Mpo ete akookaki komona pole mko ten a elikia mpe nakoyebaka ete akokaki kosala eloko moko ten a ye moko, azalaki na molimo mobola.

Na ngonga moko, akendaki na esika na kotekisa ba buku, mpe libaku malamu akutanaki na buku na biso Komeka Bomoi na Seko Liboso na Kufa. Ezali buku mpona litatoli na ngai mpe bomoi na ngai. Ngai nazalaka kndima Nzambe te, mpe nazalaka kowayawaya na mondelo na liwa liklo na b ambula sambo na mba malali oyo ekkaki kobikisama te na mayele na bato. Kasi Nzambe Ayaka epai na ngai mpe Akutanaki na ngai. Moto oyo amnaki ete bomoi na ye ezalaki mpenza lolenge na oyo na ngai, mpe asombaki buku na koyokaka ete makasi moko ezalaki kobenda ye. Atangaki yango butu moobimba mpe atangisaki mpinzoli mingi. Azalaki na elikia ete akokaki ye mpe kobika mpe amikomisaki mpe na lingomba na biso. Kobanda wana, abikaka na bokono na ye na nguya na Nzambe, mpe akookaki kozonga na mosala. Ebele na baknzi mpe baninga ba ye na mosala bakumisaki ye. Azwaka mapamboli na komata na ebonga na ye na mosala. Lisusu, ateyaki batto koleka ntuku sambo kati na bandeko na ye. Boni monene libonza na ye na Loola ekozala!

Nzembo 73:28 elobi ete, "Kasi mpo na ngai ezali malamu ete nabelema na Nzambe, nasili kotia elikia na ngai kati na Nkolo Yawe, ete nasoola misala na Yo nioso." Soki tozwaki mapamboli na liboso kati na bato na esengo na kozalaka pembeni na Nzambe, tosengeli kookoma bana na molimo baleka, tolinga Nzambe mingi koleka, mpe toteya Sango malamu na ba oyo bazali babola na molimo. Nakolikia ete bino bokozwa na moobimba baton a esengo eye Nzambe na bolingo Abombeli bino elongo na mapamboli.

Chapitre 2
Lipamboli na Mibale

Mapamboli Epai na Baleli Kolela, pamba te Bakobondisama

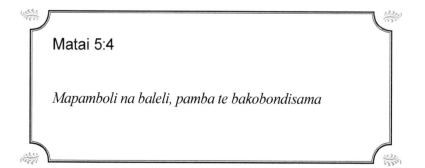

Matai 5:4

Mapamboli na baleli, pamba te bakobondisama

Ezalaki na baninga babale ba oyo balingamaka mingi. Bazalaki kosungana mpe kolingana mingi nde bakkaki ata kopesa bomoi na bango mbeka mpona kobikisa mosusu. Kasi moklo moko, moko na bango akufaki kati na etumba. Ye oyo atikalaki alelaki kino pokwa, na kzangaka mooning oyo akendaki.

"Nayki mawa mingi mpona yo, Yonatana, ndeko na ngai! Yo ozalaki na bolingo epai na ngai. Bolingo na epai na ngai ezalaki malamu na kokamwa, koleka bolingo na basi."

Moto oyo azwaki muana mobali na moninga na ye mpe alandelaki ye lookola muana na ye moko. Ezali lisolo na Dawidi mpe Yonatana, elimbolami kati na 2 Samuele chapitre 1.

Na tango tozali kobika kati na mokili oyo, tokutanaka na mingi na mawa lookola kufa na balingami, pasi na ba bokono, ba kokoso kati na bmoi, mikakatano na misolo, mpe bongo na bongo. Ezali kolekisa ten a kolobaka ete bomoi ezali pasi na mokolo nioso.

Kolela na Mosuni, Yango Mokano na Nzambe Te

Kati na lisituale na bato, tomona bitumba, ba nzala, mpe makama misusu maye makosalemaka na mbooka mobimba. Lisusu, ezali na makambo mingi na mawa mpe makambo kosalemaka na epai na moto na moto.

Basusu bazali na mawa likolo na ba kokoso na misolo, mpe basusu bakonyokwamaka mpona bapasi na ba bokono. Basusu bazali na mitema mizoka mpo ete mabngisi na bang makokisami te mpe basusu bakotangisaka mpinzoli mpo ete balingami na bango basali bango mabe. Kolela oyo ebandisami likolo na ba sango na mawa ezali kolela na moosuni. Ewuti na emotion na motema mabe na moto. Ezali soko moke te mokano na Nzambe. Kolela oyo na mosuni ekoki te koobondisama epai na Nzambe. Kasi kutu, Bibla eloobeli biso ete ezali mokano na Nzambe mpona biso ete tosepela tango nioso (1 Batesaloniki 5:16). Nzambe Alobelaka biso kati na Bafilipi 4:4 ete, "Bosepelaka tango nioso kati na Nkolo. Nazali koloba lisusu ete, Bosepelaka!" Biteni mingi kati na Biblia elobeli na biso ete tosepela.

Basusu bakki kooomituna na kookanisaka ete, "Nakoki koosepela na tango nazali na eloko na kosepela na yango, kasi na tango nazali konyokwama na ba boloozi mingi, ba pasi, mpe minyoko, lolenge nini nakoka kosepela?"

Kasi tokoki kosepela mpe kopesa matondi mpo ete tosili kokoma bana na Nzambe ba oyo babikisami mpe bazwi elaka na Bokonzi na Lola. Lisusu, lokola bana na Nzambe, na tango tosengi, Ye Akoyoka biso mpe Akosilisa makambo na biso. Mpo ete tondimi likambo oyo, tokoki solo kosepela mpe kopesa matondi.

Ezali lisolo na Rev. Dr. Myong-ho Cheong, oyo azali missionaire na egelesia na biso na Africa, oyo ateyaka Sango Malamu na mingi na ba mboka ntuku mitano na minei kati na Africa. Ba mbula zomi mileka, atikaki mosala na ye na molakisi na institut superieure mpe akendaki na Africa mpona misala na missionaire. Kala te, muana na ye se moko akufaki.

Mingi na bandimi na egelesia babondisaki ye, kasi ye apesaki kaka matondi epai na Nzambe kasi kutu abondisaki bandimi na lingomba. Azalaki kpesa matndi mpo ete Nzambe Azwaki muana na ye kati na bokonzi na Lola esika wapi kolela, bolozi, ba pasi, to ba bokono mizali te, mpe mpo ete azalaki na elikia na komona lisusu muana na ye kati na Lola, ye akokaki kosepela.

Lolenge oyo soki tozali na kondima, tokozala na kolela na mosuni te na kozangaka kolonga ba emotion na biso na mawa likolo na makambo misusu na mawa. Tokokoka kosepela kati na likambo nioso.

Ata soki tokutani na likambo moko, soki topesi matondi mpe tobondeli kati na kondima, Nzambe Aksala na kotalaka kndima na biso. Akosala mpona bolamu na makambo nioso, nde bongo, epai na bana na solo na Nzambe, makambo na mawa na mosuni makozala na ntina te.

Nzambe Alingi Kolela na Molimo

Nini Nzambe Alingi ezali ezali kolela na mosuni te kasi kolela na molimo. Matai 5 :4 elobi été, « Mapamboli eopai na baleli, » mpe awa 'baleli' elakisi kolela na molimo mpona Bokonzi mpe bosembo na Nzambe. Boongo, kolela nini na molimo ezali kuna?

Yambo, ezali na kolela na tubela.

Na tango tondimeli Yesu Christu mpe tondimi Ye lokola

Nkolo mpe Mobikisi na biso. Tososoli kati na motema, na lisungi na Molimo Mosantu ete Ye Akufaki na ekulusu mpona masumu na biso. Na tango toyoki bolingo oyo na Yesu, tokozala na kolela na tubela, kotubela na masumu na bison a main a miso mpe kotanga na zolo.

Kotubela ezali kolongwa na lolenge na kobika kati na masumu na tango toyebaki naino Nzambe te mpe kobika na Liloba na Nzambe. Na tango tozali na kolela na tubela, mokumba na masumu na biso ekolongolama, mpe tookoka komona esengo kopunzapunza kati na motema na biso.

Eleki ba mbula 30 lelo, kasi Nazali koyeba malamu mayangani na liboso na bolamuki Nakotaka sima na kokutana na Nzambe. Kuna, nazalaki na mingi na main a miso mpe tubela na kotanga zolo, na tango nazalaki kooyoka Liloba na Nzambe.

Ata liboso na ngai kokutana na Nzambe, nazalaki komikumisa na ngai moko ete Nazalaki kobika bomi na bosembo mpe malamu. Kasi na koyokaka Liloba na Nzambe, kotalaka sima na bomoi na ngai eleka, Nayaki koososola ete ebele na makambo na lokuta mazalaki na ngai.

Na tango napasolaki motema na ngai kati na tubela, nzoto na ngai ekomaki mpenza pepele mpe ezongisamaki sika lokola nazalaki kopimbwa. Nazwaka mpe makasi ete nakokaki kobika na Liloba na Nzambe. Kbanda tango wana kino lelo Natikaki makaya mpe komela masanga mpe nabandaki kotanga BBiblia mpe kokende na mabondeli na ntongontongo.

Ata sima na ngai kozwa ngolu oyo na kolela kati na tubela, tookoki kozala na makambo misusu mpona kolela na ntina na yango kati na bomoi na bison a Bakristu. Na tango tokomi bana na Nzambe, tosengeli kolongola masumu mpe tobika bomoi ebulisama kolandana na Liloba na Nzambe. Kasi kino tango ekokoma biso kati na bokoli na kondima, tozali nain bakoka te mpe tozali naino kobika kati na masumu.

Kati na likambo oyo, soki tokolingaka Nzambe, tokoyoka mpenza mabe liboso na Nzambe mpe tokootubele mpenza kati na mabondeli ete, "Nzambe, sunga ngai mpo ete likambo na lolenge oyo ekoka lisusu kokoma te. Pesa ngai makasi na kosalela Liloba na Yo." Na tango tozali na kolela na lolenge oyo, makasi na kolongola masumu mikowuta na likolo. Bongo, lipamboli na monene nini ezali mpona kolela!

Bandimi misusu bakobaka na kosalaka masumu na lolenge moko mpe bakotubela lisusu mpe lisusu. Ezalaka likambo na tango mbngwana ezali malembe mingi to mpe esika mbngwana ezali te. Ezali mpo ete bakotubelaka mpenza te kati nan se na mitema na bango, ata soki bakki koloba été bazali na kolela kati na tubela.

Toloba ete elenge azali ktotambola na baninga mabe mpe bazali koosala makambo mabe mingi. Asengi bolimbisi epai na baboti ba ye, kasi akbi kaka na kosala makambo na llenge moko. Bngo, ezali tubela na solo te. Asengeli kolongwa, atika kotambola na baninga mabe mp eatanga makasi. Kaka wana nde ekoki kndimama lokola tubela na solo.

Lolenge oyo, tosengeli te kokoba na kosalaka lisumu na lolenge mooko, nde totubelaka kaka na maloba, kasi tosengeli kobota ba mbuma na tubela na kotalisaka misala malamu (Luka 3:8).

Lisusu, lokola kondima na biso ezali kokola mpe biso tokomi bakambi kati na lingomba, tosengeli lisusu te kozala na kolela na koyambola. 1 Bakolinti 4:2 elobi ete, "Bakooluka epai na mobateli ete amonana moto na sembo." Bongo, tosengeli kozala sembo mpe tobota ba mbuma malamu kati na misala na biso. Soki te, tosengeli kozala na tubela na kolela.

Eloko mokoo na motuya awa ezali ete soki tokotubelaka te mpre tokolongwaka ten a tango tozali kokokisa mosala na biso te, ekki kokma efelo na masumu liboso na Nzambe, mpe na bongo tokoka kobatelama na Nzambe te. Ezali likambo lokola muana mokolo eye akobi kosala lokola muana bebe, mpe asengeli kobetama tango nioso.

Kasi soki totubeli mpe toleli kati na motema na biso, esengo mpe kimia oyo epesami na Nzambe ekoyaka kati na biso. Nzambe Akopesa na biso mpe makasi ete tokoka kosala yango. Akopesa na biso makasi na kokookisa misala na biso. Yango ezali malamu eye Nzambe Apesaka na ba oyo bazali kolela.

Ezali na kolela mpona bandeko kati na kondima

Tango mosusu bandeko kati na koondima basalaka masumu mpe bakendaka nzela na kufa. Kati na likambo oyo, soki tozali na mawa, tokozala na motungisi mpe na kolandela bandeko wana. Bongo, tokolela lokola ezalaki makambo na biso moko. Tkotubela ata mpona bango moko mpe tokobondela na bolingo mpo ete bakka kosala kati na solo.

Tokoki kozala na kolela na lolenge oyo mpe mabondeli na tubela kati na kolela na ntina na bango kaka soki tozali na bolingo na solo mpona milimo yango. Nzambe Asepelaka na mabondeli na lolenge oyo na mpinzoli mpe Apesaka biso malamu kati na motema na Ye.

Na bokeseni, ezali na bato oyo bakosambisaka mpe bakokatelaka mabe basusu, mpe bakopesaka pasi epai na basusu esika na kolela mpe na kobondelaka mpona bango. Lisusu, bato misusu bakoopanzaka masumu na bato misusu, mpe yango ezali malamu te liboso na Nzambe. Tosengeli kozipa ba mbeba na bato misusu kati na bolingo, mpe tobondela mpona bango ete basumuka te.

Kobmama na Setefano ekoomama kati na Misala chapitre 7. Bayuda baykaki mabe mpona mateya Setefano ateyaka. Na tango ye alobaki été miso ma ye na moolimo efungwamaki mpe amonaki Nkoolo Yesu kotelema na loboko na mobali na Nzambe, babolaki ye mabanga kino koboma.

Ata na tango azalaki kbolama mabanga, Setefano abondelaki kati na bolingo mpona bato wana mabe oyo bazalaki kooboola ye mabanga.

Bongo baboli Setefano na mabanga, wana ezalaki ye kobondela ete, 'Nkolo Yesu, Yamba molimo na ngai!' Akweyi na mabolongo na ye, mpe abiangi na mongongo makasi ete, 'Nkoolo tangelo bango lisumu oyo te! Esili ye koloba bongo alali (Misala 7:59-60).

Misala na Yesu mizalaki lolenge nini? Azwaki kosekama na lolenge nioso mpe minyokoli na tango Ye Abakamaki na ekulusu, kasi ata bongo abondelaki mpona ba oyo bazalaki kobaka Ye na ekulusu na kolobaka ete, "Tata, limbisa bango; mpo ete bayebi te nini bazali kosala" (Luka 23:34).

Na tango azalaki kozwa pasi na ekulusu ata soki asalaki mpenza eloko moko na mabe te, abondelaki mpona bolimbisi na ba oyo bazalaki kobaka Ye na ekulusu. Na nzela na oyo, tokoki kososola boni mozindo, monene mpe monene eleki blingo na Yesu mpona milimo izalaki. Oyo ezali lolenge na motema esengela na miso na Nzambe. Ezali motema na oyo tokoki kozwa mapamboli.

Ezali mpe na kolela mpona kobikisa milimo mingi koleka.

Na tango bana na Nzambe bamoni ba oyo babebisami na masumu na mokili oyo mpe bazali kokende na nzela na na libebi, basengeli kozala na bolingo na mawa na koyokelaka bango mawa. Lelo, masumu mpe mabe miluti kaka lolenge na tango na Noa. Libota wana ezwaki etumbu na mpela. Sodomo mpeGomola bazwaki etumbu na moto.

Na bongo, tsengeli kolela mpona babti na biso, bandekoo na biso mibali mpe na basi, bandeko na lobota, mpe bazalani ba oyo nain babikisama te. Lisusu, tosengeli kolela mpona ekolo na biso mpe baton a yango. Mangomba, mpe mpona makambo maye makotungisaka Bokonzi na Nzambe. Yango elakisi été tosengeli kolela mpona milimo mibikisama.

Tango nioso ntoma Paulo azalaki kolela mpe komitungisa mpona Bokonzi mpe bosembo na Nzambe mpe milimo. Anyokwamaki mpe alekelaki ebele na minyoko na koteyaka Sango Malamu. Atiamaka ata na boloko. Kasi ye alelaka mpona pasi na ye moko te, kasiasanjolaka kaka mpe abondelaka Nzambe (Misala 16:25). Kasi mpona Boknzi na Nzambe mpe milimo, ye alelaki kutu na koleka.

Mpe pembeni na makambo oyo nioso, mokolo na mokolo bozito na mikakatano na ngai mpona mangomba ekamoli ngai.

Nani azali na koolemba mpe ngai nazwi bolembu te? Nani atai libaku mpe ngai nasiliki te? (2 Bakolinti 11:28-29)

Yango wana bokengelaka, mpe bkanisaka ete mbula mbula misato butu na mi natikaki kokebisa bino moko na moko na mpinsoli te (Misala 20:31).

Na tango bandimi bakotelemaka ngwi te kati na Liloba na Nzambe to tango lingomba ezali kotalisa nkembo na Nzambe te, bato lokola Paulo bakolela mpe bakomitungisa mpona yango. Lisusu, na tango bang banyokolami mpona nkombo na Nkolo, bakolelaka te mpo ete ezali pasi mpona bango. Bakoolelaka kutu mpona milimo na bato misusu. Lisusu, na tango bakomona mokili koyindisama se koyinda, bakolela mpe bakobndela ete nkembo na Nzambe ekotalisama makasi na koleka mpe milimo mingi mikobikisama.

Bosenga na Bolingo na Molimo mpona Kolela na Molimo

Sasaipi, nini esengeli na biso kosala mpona kolela na moolimo, nini yango Nzambe Alingi? Mpona kozala na kolela na molimo, likolo na nioso, tosengeli kozala na bolingo na molimo kati na biso.

Lolenge elobami kati na Yooane 6:63, "Molimo Azali Ye oyo Akopesaka bomoi; mosuni ezali na eloko te," ezali kaka bolingo na lolenge eye Nzambe Akondimaka nde ekopesaka bomoi mpe ezali na makoki na komema baton a nzela na lobiko. Ata soki moto amonani lokola azali na bolingo mingi, soki bolingo na ye ezali mosika na solo, ezali kaka bolingo na mosuni. Bolingo ekoki kokabolama kati na bolingo na mosuni mpe bolingo na molimo. Bolingo na mosuni ezali oyo ekolukaka lifuti na moto ye moko. Ezali bolingo na litomba moko te eye ekombngwanaka mpe ekokufaka. Na loboko mosusu, bolingo na molimo yango ekombongwanaka te. Yango ezali bolingo kati na Liloba na Nzambe oyo ezali solo. Ezali bolingo na solo eye ekolukaka lifuti na bato mosusu na tango moto amikabi mbeka. Bolingo na molimo ekoki te kozwama na makasi na moto. Kaka na tango tososoli bolingo na Nzambe mpe ttobiki kati na solo nde tokoki kopesa bolingo na lolenge eye. Soki tozali na bolingo na molimo oyo ezali bolingo eye ekoki kolinga ata bayini na biso mpe topesa bomoi na biso mpona basusu, wana nde Nzambe Akoka kopesa biso ebele na mapamboli. Na bolingo oyo, tokoka kopesa bomoi esika nis tokei, mpe ebele na bato bakzongela Nzambe.

Na bongo, na tango tozali na bolingo na molimo kati na motema na biso, tokoki kolela mpona milimo mizali kokufa mpe tobondela na tina na bango. Na bolingo oyo, ata bato na mitema miyeisama mabanga bakombongwana, mpe ekoki kopesa bomoi mpe kondima.

Ba tata na kondima ba oyo balingamaki na Nzambe bazalaki na bolingo na molimo na lolenge oyo, mpe babondelaka mpona milimo miye mizalaki kokende na nzela na libebi. Babondelaki na main a miso mpe mpona Bokonzi na Likolo mpe boyengebene na Nzambe. Bango batangisaki kaka mpinzoli te, kasi bango balandelaki ebele na milimo na bato misusu na moi mpe nab utu, na kozalaka sembo na misala mipesamelaki bango.

Ezali solo kolela na molimo kaka soki elandisami na misala na koteya Liloba, kobondela, mpe kolandelaka milimo na bolingo mpona bango. Soki tozali na bolingo na molimo, tokozala mpe na kolela na molimo mpona Bokonzi na Nzambe mpe bosembo na Ye.

Bongo, lolenge elobami kati na Matai 6:33 ete, "Bolukaka liboso bokonzi na Nzambe mpe boyengebene na Ye mpe biloko oyo nioso ikobakisama na bino," molimo mpe molema ikombongwana, bokonzi na Nzambe ekokokisama, mpe makambo misusu masengeli mikopesama mingi epai na Nzambe.

Mapamboli Mapesameli ba Oyo Bazali Kolela

Lolenge elobami kati na Matai 5:4 ete, "Mapamboli epai na baleli, pamba te bakobondisama," soki tokolela na molimo, tokobondisama na Nzambe.

Kobondisama oyo Nzambe Akopesa na biso ekeseni na oyo bato bakoki kopesa na biso. 1 Yoane 3:18 elobi ete, "Bana bolingana na bolingo na maloba te sokoo na monoko te kasi nab lingo na misala mpe na solo." Lolenge elobaki Nzambe, Ye Akobondisaka biso na maloba kaka te kasi na biloko mpe lokola.

Na ba oyo bazali babola, Nzambe Akopesa na bango mapamboli na misolo. Na ba oyo banyokwamaka na ba malali, Nzambe Akpesa na bango nzoto makasi. Na ba oyo babondelaka mpona baposa na motema, Nzambe Apesaka biyano.

Lisusu, na ba oyo bazali kolela mpo ete bazali na makasi mingi te mpona kokokisa misala na bango, Nzambe Akopesaka makasi. Mpona ba oyo bazali kolela mpona milimo, Nzambe Apesaka na bango ba mbuma na Sango Malamu mpe bolamuki. Lisusu, epai na ba oyo bakopasolaka mitema na bango mpe baklelaka mpona kolongola masumu, Nzambe Apesaka na bango ngolu na bolimbisi na masumu. Lisusu, na lolenge bango balongoli masumu mpe bakomi babulisami, Nzambe Akopambola bango mpo ete batalisa misala minene mpe na nguya na Nzambe lolenge esalemi mpona ntoma Pauloo.

Ba mbula mingi mileka, Nakotaki kati na minyoko wapi ata bozali na lingomba oyo eningisamaki. Nasengelaki kolela mingi mpenza likolo na bato oyo bamemaki kooomekama kati na lingomba, mpe mpona bandimi oyo bayebaki eloko moko te kasi mpe banyokolamaki. Mpona bandimi oyo bazalaki na kondima na kolemba mpe balongwaki lingomba, nakokaki ata kolia te to mpe kolala.

Mpo ete nayebaki monene na lisumu na eye ezalaki na kotungisa lingomba na Nzambe, Natangisaka ebele na mpinzoli na kokanisaka mpona milimo miye mimemaki mobulu kati na lingomba. Mingi mingi, na tango namonaki milimo miye miyokaki ba sango na lokuta, balongwaki lingomba mpe batelemelaki Nzambe, Nasengelaki klela mingi na koyoka responsabilite na koyeba kosunga bango na lolenge esengelaki te.

Nabungisaki mpenza ebele na nzoto, mpe ezalaki pasi mpona ngai ata mpo ete natambola. Nasengelaki koteya mbala misato na poso. Na ba tango misusu nzoto na ngai ezalaki kolenga, kasi mpona mitungisi na ngai mpona bandimi na lingomba, Nasengelaki koofanda na esika na ngai. Nzambe Amonaki motema na ngai na lolenge oyo mpe nan tango nioso Nabondelaki, Abondisaki ngai na kolobaka ete, "Nalingi yo."

Oyoezali kutu lipamboli."

Lipamboli na Kozwa Kobondisama na Nzambe

Na tango ngonga ekomaki, Nzambe asilisaki moko na moko na kozanga kososolama, mpe yango ezalaki libaku malamu mpona bandeko na lingomba na biso bakola kati na kondima. Nzambe Ayaki kobanda na kotalisa misala ma Ye na kokamwisa miye mikokaki te kopimama na oyo na liboso. Atalisaki biso ebele na bilembo mpe na bikamwiseli mpe makambo na kokamwisa mpenza.

Abikisaki lingomba na kokweya mpe Apesaki na biso mapamboli na bolamuki na lingomba na esika yango. Afungolaki mpe na monene nzela na mosala na mokili mobimba. Kati na ba croisade na bikolo na bapaya, Atindaki mikama, ba zomi na ba nkooto mpe ba milio na bato mpo ete basangana mpe bayoka Sango malamu mpe bango bazwa lobiko. Libonza mpe esengo na lolenge nini ezalaki!

'Festival na Mabondeli na Bikamwa na Lobiko na Inde na 2002' esalemaka na libongo monene eleki kati na mokili mobimba, Marina Beach, na Inde. Bato oyo bayanganaki kuna mpona mikolo nioso bazalaki likolo na ba milio 3 na bato. Mingi kati na bango babikisamaki mpe mingi na ba Hindu babongolaki mitema.

Kobondisama na Nzambe eyaka na mapamboli eye tookoki kokanisa te. Apesaka na biso nini tolingaka na koleka, mpe mingi na oyo esengeli. Apesaka na biso mpe mabonza kati na boknzi na likolo, mpe bongo yango ezali lipamboli na solo.

Emoniseli 21:4 elobi ete, "Akolongola mpinsoli nioso na miso na bango, mpe kufa ekozala lisusu te, na mawa, na kolela, na mpasi, lisusu mpe te; mpo ete makambo na liboso masili koleka." Lolenge elobama, Nzambe Afutaka bison a nkembo mpe na mabonza kati na Lola esika wapi ezali na mpinzoli te, maw ate, mpe mpasi moko te.

Ba ndako na Lola mpona ba oyo bakoolelaka mpe bakobondelaka mpona bokonzi na Nzambe mpe lingomba na Ye ikozala na bilko na wolo, ebele na mabanga na motuya mpe mabonza misusu. Mpe mingi mingi, ekobongisama na mangaliti minene nan a kongala mingi. Kino tango lingaliti moko esalema, nyama na yango asengeli kokanga motema mpona pasi mpe kotungisama mpona tango molai mpe atangisaka mai moko na loolenge na mangaliti, nakoopesaka yango moko mpona kosala lingaliti.

Na lolenge moko, na tango tozali kokolisama kati na mokili oyo, soki tozali kotangisa mpinzoli mpona kobongwama, mpe tokobondela na mpinzoli mpona bokonzi na Nzambe mpe milimo misusu, Nzambe Akobondisa biso na mangaliti kotalisaka makambo mango manso.

Na bongo, tika te été tolela na lolenge na mosuni, kasi na molimo mpe kaka mpona bokonzi na Nzambe mpe mpona milimo misusu. Na kosalaka bongo tokobondisama na Nzambe mpe tokozwa mabonza na motuya kati na boknzi na Lola mpe lokola.

Chapitre 3
Lipamboli na Misato

Mapamboli Epai na Basokemi, pamba te Bakosangola Mokili

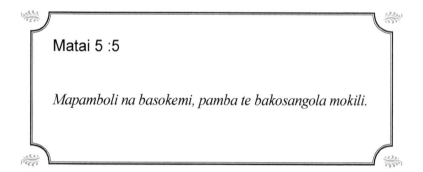

Matai 5 :5

Mapamboli na basokemi, pamba te bakosangola mokili.

Na tango Lincoln azalaki motelemeli ayebani ten a ba mbula na ye na bolenge, ezalaki na motelemeli na nkombo na Edwin M. Stanton oyo ayinaka mpenza Lincoln. Mokolo, moko bayebisaki na Stanton ete asengelaki ktelemela elongo na Lincoln, mpe atindikaki ekuke na ndako mpe alongwaki.

"Lolenge nini nakoki kosala elongo na motelemeli oyo na mboka?"

Sima na koleka na tango, na tango mokonzi na mboka moponami Lincoln azalaki kosala cabinet na ye, atiaki Stanton lokola Ministre na ntuku mibale na sambo na Amarica mpo na Mambi matali Bitumba. Bapesi toli na Lincoln bakamwaki mpe basengaki na ye ete akanisa lisusu malamu mpona kopona na ye.

Ezali mpo ete mokolo moko Satnton atukaki Lincoln na miso na bato koloba ete ye azalaki "likama na ekolo" mpo ete Lincoln aponamaki mokonzi na ekolo.

"Yango nini ata soki ye atali ngai pamba? Azali na makoki makasi mpona mosala epesameli ye mpe azali na makoki na kolonga makambo makasi. Azali na makoki maleki mpona kozala Ministre na Mambi matali Bitumba."

Lincoln azalaki na motema eye ezalaki monene mpe na bopolo. Azalaki na makoki na kososola mpe na kooyamba ata moto oyo azalaki kootiola ye. Na suka, ata Staton ayaka na kotos aye mpe na tango akufaka, alobelaki Lincoln été, Lincoln azalaki mokambi yo aleki bakambi na kokoka nioso kati na mokili. ''

Lolenge oyo, esika na koboya mpe kokima moto oyo alingi biso te, kobongla ye mpe kotalisa makambo malamu kati na ye ezali ktalisa motema kitoko mpe na kosokema.

Bosokemi na Molimo eye Endimami na Nzambe

Na momesano, bato balobaka ete kozala malili, na bopolo, mpe kozala na ezaleli na kimia mpe na komikitisa ezali kozala na bosokemi. Kasi Nzambe Alooobi ete ba oyo bazali na kosokema kati na bizaleli malamu bazali solo na kosokema.

Awa 'ezaleli malamu' elakisi oyo ezali malamu, ekoka mpe na motema na bosembo'. Kozala na bizaleli malamu kati na Nzaambe ezali kosala kati na bosembo na kokambaka elngo na batoo misusu, kozala na bomoto, mpe kozala na makoki kati na makambo nioso.

Bosokemi mpe bizaleli malamu mimonani lokola ikkani, kasi ezali na bokeseni monene. Bosokemi ezali mingi kati na moto na tango bizaleli malamu ezali lkola elamba na libanda na yango. Ata soki moto azali moto monene, soki akolata bilamba mikoki te, ekokitisa lolenge na ye na komona mpona elegance mpe na bokonzi. Na lolenge moko, soki tozali na bizaleli malamu te elongo na kosokema, ekoki te kzala kokokisama. Lisusu, ata soki tomonani kozala na bizaleli malamu, soki tozali na kosokema na kati te, ezali na talo moko te. Ezali lokola ndako na mangaliti na eloko moko ten a kati.

Bosokemi na molimo eye ekoki kondimama na Nzambe ezali kaka koozala na ezaleli na kimia te; ezali mpe kozala na bizaleli malamu. Bongo, totokoka kozala na motema monene mpona koyamba ebele na bato lokola nzete monene ekopesaka elilingi monene mpona bato kopema.

Mpo ete Yesu Azalaka na kosokema, Ye aswanaka te t mpe

Angangaki te, mpe mongongo na Ye eyokanaki na nzela te. Asalelaki bato malamu mpe bato mabe na motema na lolenge moko, mpe bongo, ebele na bato balandaki ye.

Bizaleli Malamu na Koyamba Ebele na Bato

Kati na lisituale na Coree, ezalaki na mokonzi oyo azalaka na motema na kosokema. Ezalaki Sejong Mokolo. Ye azalaki kaka na ezaleli na kosokema te kasi azalaki mpe na bizaleli malamu. Ye alingamaki na ba ministre na ye mpe na bato. Na tango na ye, ezalaki na batangi minene lokola Hwang Hee mpe Maeng Sa Sung. Na motuya kooleka, azalaki na kokokisama na kokela 'Han-gul,' alphabet na bacoreen.

Abongisaki systeme medical mpe lisusu bisaleli na mabende. Atiaka baton a lolenge na lolenge na bisika mingi ata na miziki mpe mayele, mpe akokisaki makambo kitko kati na culture na ekolo. Boye bomoni ete soki moto azali na koosokema elongo na bizaleli malamu, ebele na bato bakoki kopema epai na ye, mpe mbuma ekozala mpe kitoko.

Ba oy bazali na kosokema bakki ata koyamba basusu oyo bazali na klakisama ekesana mpe makanisi. Bakosambisaka mpe kokateleka mabe te kati na mabe kati na likambo mook te. Bakososola makambo kolandana na lolenge na komona na moto mosusu kati na likambo nioso. Mitema na bango ikoki klimbolama lokola pete mpe malamu ekka mpona kosalela basusu kati na komikitisa.

Soki tobwaki libanga likolo na eteni na ebende monene

ekosala makelele monene. Soki tobwaki libanga na talatala ekopasola. Kasi soki tobwaki libanga kati na ba coton, yango ekosala makelele moko te to mpe ekopasola te, mpo ete coton ekoyamba libanga.

Na lolenge oyo, ye oyo azali na bosokemi akotikala kobwakisa at aba oyo bazali na kondima elemba mpe bakoosalaka kati na mabe. Akozela kino suka mpona bango bambongwana mpe akotambwisa bango mpo ete basala malamu na koleka. Malooba na ye akozala na mongongo makasi te to mpe na kopasola te, kasi nan se mpe na kosokema. Ye akoloba makambo na pamba te kasi kaka maloba na solo eye esengela.

Lisusu, ata soki basusu bakoyinaka ye, ye akozoka te to mpe akoyoka mabe na ntina na bango. Na tango akozwa toli to mpe mpamela, akondima yango na esengo mpona komibongisa ye moko. Akososola bosuki na bato misusu mpe akoyamba bango, mpo ete akoka kolnga mitema na ebele.

Kobalola Motema mpe Kokomisa Yango Elanga Malamu

Mpona biso kozala na bosokemi na molimo, tosengeli komeka kobalola nokinoki elanga na motema na biso. Kati na Matai 13, Yesu Apesaka na biso lisese na mabele na ba lolenge minei, kokokisaka yango na motema na biso.

Kati na elanga kati na nzela makasi, nkona nioso oyo ekweyi kati na yango ekokka kobota te mpe na kozwa misisa. Motema na lolenge oyo ekozala na kondima tea ta sima na koyoka Liloba na Nzambe. Moto oyo azali na kondima na lolenge oyo azali mangongi, afungolaka motema na ye tea ta sima na koyoka solo, bongo akoki te komoonana na Nzambe. Ata soki akoki kookota na ndako na Nzambe, azali kaka mokendi na lingomba. Liloba elonama kati na ye te, bongo kondima na ye ekoki kokola te, abimisa misisa mpe ekola.

Elanga na esika na mabanga mingi ekoki kobota nkoona eye ekweyi likolo na yango, kasi makasa na ba nkona makoki komata te likolo na mabanga. Moto oyo azali na motema na lolenge oyo azali na kondima makasi tea ta sima na ye koyoka liloba. Na tango amekami, akokba na kokweya. Ayebi Nzambe mpe azwaka kotondisama na Molimo, nde ye azalali malamu koleka elanga na nzela. Kasi, mpo ete motema na ye ebalollama kati na solo te, ikokauka mpe ikokufa mpe wana misala milandaka kobalomana mikolandaka te.

Kati na elanga na ba nzube, nkona ekoki kobima mpe kokola, kasi likolo na ba nzuba, ekoki te kobota ba mbuma. Moto oyo azali na motema na lolenge oyo azali na ba mposa na ye, komekama mpona misolo, mitungisi na mokili oyo mpe mabongisi ma ye moko mpe makanisi, bongo akoki te komona nguya na Nzambe kati na makambo nioso.

Kati na elanga malamu, nkona iikoki kokola mpe kobota ba mbuma yango izali ntuku misato, ntuku motoba, to mpe mbala mokama mingi koleka nkona na ebandeli. Moto oyo azali na motema na lolenge oyo akotosaka kaka na 'Iyo' mpe 'Amen' na Liloba na Nzambe eye eyoki ye, nde bongo akoki kobota ebele na ba mbuma kati na likambo moko na moko mpe makambo nioso. Oyo ezali motema nna bolamu eye Nzambe Akolikiaka.

Tika ete totala motema na lolenge nini tozali na yango. Ya solo, ezali pasi kosala bokeseni esengela kati na mitema na lolenge na lolenge, ezala na nzela, elanga na mabanga, kati na elanga etondi nzube, to kati na elanga malamu lokola tozalaki kopima yango na epimeli. 'Kati na nzela' ekoki mpe kozala na mabele na mabanga mingi, mpe ata soki tozali na mua mabele malamu, bosolo te eye ezali lokola mabanga ikoki kotiama kati na motema na biso na lolenge tozali kokola.

Kasi na bokeseni na lolenge na elanga na motema tozali na yango, soki tokobalola yango nokinoki, tokoki kokomisa yango elanga malamu. Na lolenge moko, esika na motema na lolenge nini tozali na yango, eloko eleki motuya ezali lolenge nini tomeki kobalola yango nokinoki.

Kaka lolenge moloni akolongolaka mabanga, akopikolaka matiti, mpe akotiaka fumier na mabele mpona kokomisa yango elanga kitoko na kolikiaka ebele na kobuka, soki tolongoli lolenge na mabe lokola koyina, likunia, zua, koswana, kosambisa, mpe kokatelaka mabe longwa na motema na biso, tokoki kozala na elanga malamu eye ezali na nkita kati na bolamu mpe na kosokkema na bizaleli.

Kobondela Kati na Kondima Kino Suka mpe Kolongola Mabe

Mpona biso kobalola motema na biso, na liboso, tosengeli naino kosanjola kati na molimo mpe na solo mpona koyoka Liloba mpe kososola yango. Lisusu, ata kati na bakokoso, tosengeli kosepelaka tango nioso, kobondela na kotika te, mpe kopesa matondi na makambo nioso elongo na makasi na kolongola mabe kati na motema na biso.

Soki tokosenga makasi na Nzambe na nzela na mabondeli makasi mpe tomeka kobika koolandana na Liloba, bongo nde, tokoka kozwa ngolu mpe makasi na Nzambe mpe lisungi na Molimo Mosantu, mo ete tokoka nokinoki kolongola mabe.

Ata soki mabele ezali malamu mingi, soki tokolona ba nkona te mpe tokolandelaka ba mbuma ten de tokozala na kobuka moko te. Na lolenge oyo, eloko na motuya ezali ete tosengeli koomeka mbala moko to mpe mibale te mpe sima totika, kasi tbondela na kondima kino suka. Mp ete kndima ezali eloko na makambo oyo bido tolikii (Baebele 11:1), tsengeli komeka na molende mpe tobondela kati na kndima. Kaka wana ndee tokoka kobuka mpenza mingi.

Lisusu, kati na moosala na kolongola lolenge nioso na mabe kati na mitema na biso, tookoki kokanisa ete toloongoli mabe na lolenge nioso na esika moko boye, kasi nde na sima ekmonana lokla mabe yango ezali kotalisama lisusu. Ezali llenge moko na kloongola ba poso na matungulu. Ata sima na kolongola ba poso tango na tango, yango ekozala kaka na loposo na lolenge moko. Kasi soki tokolembe te kasi tokobi na kolongolaka mabe kino suka, suka suka tokozala na motema esokama eye ezali na mabe moko te.

Kosokema na Mose

Na tango Mose azalaki kotambwisa bana na Yisalele na mokili na Kanana na tango na ba mbula ntuku minei na Esode, akutanaki na makambo na pasi mingi mpenza.

Kaka mibali mikolo bazalaki 600,000. Kosangisa basi mpe bana, ebele ekokaki koleka ba milio mibale na bato. Asengelaki kotambwisa ebele na baton a lolenge oyo ba mbula ntuku minei kati na lisobe esika wapi mai mpe bilei izalaki te. Tokoki kokanisa mikakatano boni asengelaki koleka!

Ezalaki na mapinga na Ejipito kolandaka bango na sima (Esode 14:9), mpe liboso na bango ezalaki na Mai na Monana. Kasi Nzambe Afungolaki Mai na Monana motane mpona bango mpo ete bakka kokatisa na mabele mookauka (Esode 14:21-22).

Na tango main a komela mazalaki te, Nzambe Asalaki ete mai mapunza longwa na libanga (Esode 15:23-25). Na tango bilei bizalaki te, Nzambe Atindaki mana mpe kanga mpona koleisa bango (Esode chapitre 14-17).

Ata na tango bazalaki komona nguya na Nzambe na bomoi, bana na Yisalele bayimakiyimaki mpona Mose na tango nioso bazalaki na kokoso.

Mpe balobelaki bango ete, "Malamu ete tokufaki na loboko na YAwe kuna na mokili na Ejipito, wana ekisaki biso pembeni na Mbeki na mosuni mpe eliaki biso kwanga na kootonda, mpo ete bino bokambi biso awa na lisobe oyo mpo na kooboma koyangana mobimba oyo na nzala." (Esode 16:3).

Bato nde bayokaki mposa na mai wana, mpe bato bayimakiyimaki epai na Mose mpe balobaki ete, 'Obimisi bison a Ejipito mpona nini? Ete oboma biso mpe bana na biso mpe bibwele na bison a mposa na mai? (Esode 17 :3)

Boyimakiyimaki kati na hema na bino mpe bolobaki ete, mpo ete Yawe Ayinaki biso yango wana Abimisaki bison a mokili na Ejipito ete Apesa bison a maboko na Baamola ete baboma biso" (Dutelenome 1:27).

Basusu kati na bango balukaki ata kobeta Mose mabanga. Mose asengelaki kofanda elongo na bato na lolenge oyo mpona ba mbula ntuku minei, kolakisaka bango na solo mpe kotambwisa bango na mokili na Kanana. Kaka na likambo oyo moko, tokoki kobanza esika nini bolamu na ye ezalaki.

Yango tina Nzambe Akumisaki ye kati na Mituya 12:3 KJV, koloobaka ete, "Moto yango Mose azalaki na bopolo mingi, na koleka bato nioso bazalaki na nse."

Kasi ezali te ete Mose azalaki na bopoolo na lolenge oyo longwa na ebandeli. Azalaki na kanda na koboma Moejipito oyo azalaki konyokola Moebele. Azalaki mpe na makasi mingi mpona kozala mokonzi na Ejipito. Kasi ye amikitisaki mpe amomonisaki mpenza pamba na tango azalaki kotambwisa bitonga na bam pate kati na lisobe na Madia mpona ba mbula ntuku minei.

Likolo na koboma na ye na Moejipito, asengelaki kolongwa na ndako na Falo mpe akomaki molukami. Ayaki solo koososola ete akokaki kosala eloko moko ten a nguya na ye moko na tango azalaki kofanda na lisobe. Kasi, sima na kolekisa tango oyo kati na kopetolama, akomaki mpenza moto oyo na bopolo nde akomaki na makoki na koyamba moto nioso.

Bokeseni Kati na Kosokema na Mosuni mpe oyo na Molimo

Ba oyo bazali basokemi na lolenge na mosuni bazalaka kimia mpe na malili na ezaleli. Balingaka makelele na lolenge moko te to mpe kongangela. Bongo, tokoki komona ete bazali lolenge moko boye na makoki na kopona mbala mooko tea ta na solo te. Na tango bazali na mua makambo mabonga te, bakki kfina yango kaka kati na motema, kasi bazali konyokwama kati na motema. Na tango likambo eleki motuya na oyo bango bakoki kondima, bakoki kopasuka na kokamwisa ebele na bato. Lisusu, kati na misala na bango, bazali na esengo na kozala sembo te nde na suka bakoobotaka mbuma te.

Na lolenge oyo kozala malili mpe nsonisoni na bizaleli ezali lolenge na kosokema oyo Nzambe Asepelaka. Bato bakoki kokanisa ete yango ezali koosokema, kasi na miso na Nzambe, oyo Alukaka lukaka kati na motema, ezaleli oyo ekoki kndimama lokola bosokemi te.

Kasi ba oyo bakokisaka bosokemi na molimo na kolongolaka bosolo te kati na motema bakobota ba mbuma mingi na bisika mingi na Sango Malamu mpe na bolamuki, kaka lolenge elanga malamu ikki kopesa ebele na kobuka.

Lisusu, na molimo, bakobota mbuma na Pole (Baefese 13:4-7), mpe mbuma na Mlimo Mosantu (Bagalatia 5:22-23). Lolenge oyo, bakokoma baton a molimo, nde bongo bakozwa biyano na mabondeli na bango.

Likolo na nioso, ba oyo bazali na bosokemi na molimo bazali

makasi nampe ngwi kati na solo. Na tango basengeli kolakisa kati na solo, bakoki kzala na kopamela kati na mateya. Na tango bakomooonaka milimo miye misali masumu liboso na Nzambe, bakoki mpe kozala na makasi mpe na botindikami na kopamela mpe na kzongisa na nzela kati na bolingo naninani ekoki kozala. Ndakisa, Yesu Azali Ye mosokemi na koleka, kasi mpona makambo mazalaki malamu te kolandana na solo, Apamelaki bato makasi mingi. Yango ezali, Andimaki te kobebisa Tempelo na Nzambe.

Kati na Tempelo Akuti batekisi na bangombe mpe na bampate mpe na bimbenga mpe basmbotoni na misolo bafandi wana. Esili Ye kosala fimbo na basing, Abimisi na Tempelo bam pate na bangombe nioso. Asopi misolo na basombotani mpe abaloli mesa. Alobi na batekisi na bibenga ete, "Longola awa biloko oyo! Zalisa ndako na Tata na Ngai esika na zando te" (Yoane 2:14-16).

Apamelaki mpe makasi Bafalisai mpe bakomi na mibeko ba oyo bazalaki kolakisa bosolo te, na kotelemelaka Liloba na Nzambe (Matai 12:34; 23:13-35; Luka 11:42-44).

Bokeseni Kati na Bosokemi na Molimo

Eloko moko tosengeli koyeba ezali ete ezali na bosokemi kati na bolingo na molimo na 1 Bakolinti chapitre 13, mpe lisusu bosokemi na molimo eye ezali kati na ba mbuma libwa na Moolimo Mosantu kati na Bagalatia chapitre 5.

Bongo, bakeseni na nini na ksokema kati na Baton a esengo? Ya solo, biloko ooyo misato mikesena mpenza te. Moboko na limbola ezali kozala pete mpe malili na tango boling mpe bizaleli malamu mizali kati na biso. Kasi mozindo mpe monene na moko na moko ekesana.

Yambo, bosokemi na bolingo na molimo ezali moboko eleki kati na etape na kosokema mpona kokokisa bolingo. Bosokemi kati na ba mbuma libwa na Molimo Mosantu ezali na limbola na monene; ezali bosokemi kati na makambo nioso.

Bosokemi kati na ba mbuma na Molimo ezali oyo ebotami lokola mbuma na kati na motema, mpe na tango mbuma oyo etiami kati na mosala mpe ekokitisa mapamboli, nde boye yango ezali bosokemi kati na Baton a esengo.

Ndakisa, tokoki koloba ete na tango tozali na ba mbuma malamu ebele likolo na nzete kitoko, tokobenga yango 'mbuma na Molimo Mosantu," kasi na tango tolei mbuma mpo ete esunga nzoto na biso, ezali mbuma kati na Baton a Esengo. Na boye, tkoki koloba ete bosokemi kati na Baton a Esengo ezali na etape na likolo.

Mapamboli Mapesameli Epai na Basokemi na Molimo

Lolenge elobami kati na Matai 5:5, "Mapamboli epai na basokemi, pamba te bakosangola mokili," soki tozali na bosokemi na molimo, tokosangola mokili.

Awa, 'kosangola mokili' elakisi te ete tokozwa eteni na mabele kati na mokili oyo, kasi tokozwa mabele kati na boknzi na seko na Lola (Nzembo 37:29).

Lokola libula ezalaka kozwa eloko, ba condition, to elembo na generation eleka. Bosangoli na libula ezali na momesano kondimama mingi koleka epai na basusu mbe oyo na biloko misusu miye misombami na mosolo.

Ndakisa, soki moto azali na eteni na mabele eye ekitanaki kati na libota na mabota mingi, esila koyebana epai na bazalani. Libota ekobatela yango lokola eloko na motuya mpe bakokitanisa yango epai na bana na bango. Na boye, kosangola mokili elakisi ete tokozwa yango lokola mabele na biso mpona solo.

Bongo, nini ezali ntina na Nzambe kopesa mabele kati na Bkonzi na lola epai na ba oyo bazali na bosokemi na molimo? Nzembo 37:11 NKJV elobi ete, "Nde baton a bopolo bakosangola mokili, bakosepela mpe kimia na solo." Lolenge elobami ezali mpo ete ba oyo bazali na bosokemi bazali na bizaleli malamu na solo mpe bakoyambaka ebele na bato.

Ye oyo azali na bosokemi akoki kolimbisa ba mbeba na basusu, kososola bango mpe koyamba bango, mpo ete bato mingi bakoka kozwa bopemi epai na ye mpe basepela kimia epai na ye.

Na tango moto alongi mitema na ebele na bato, ekokoma mpifo na molimo mpona ye, mpe ata kati na bokonzi na Lola, akozwa boknzi monene. Bongo, akosangola solo mabele monene.

Bokonzi na Molimo mpo na Kosangola Mabele kati na Bokonzi na Lola

Kati na mokili oyo, moto akoki kozwa bokonzi kaka soki ye azali na misolo mpe koyebana, kasi kati na bokonzi na Lola, boknzi na molimo ekopesama na ba oyo bazali koomikitisa mpe bakosalelaka basusu.

Nde kati na bino ezala bongo te. Ye oyo alingi kozala monene kati na bino, akoma mosungi na bino mpe ye oyo alingi moto na liboso na bino, azala mooumbo na bino. Lokola Mwana na Moto Ayei mpo na kosungama te kasi mpo na kosunga mpe koopesa bomoi na ye lkola lisiko mpo na mingi (Matai 20:26-28).

Nazali kooloba na bino solo ete, soko bokobongwana mpo na kokoma lokola bana mike te bokoingela na Bokonzi na Likolo te. (Matai 18:2-4).

Soki tokomi lokola bana, mitema na biso mikokitisama na esika eleki nse lolenge ekokka. Mpo ete tokolonga motema na ebele na bato likolo na mokili oyo, mpe tokokoma ba oyo bazali minene kati na Lola.

Na lolenge oyo, mpo ete moto ayambi mitema na ebele na baton a bosokemi na molimo, Nzambe Akopesa mabele monene kolandana na oyo asalaki mpo na kotika ye asepela bokonzi mpona seko. Soki tozwi mabele monene te kati na Lola, lolenge nini bandako minene mpe na bonzenga eleki mikotongama?

Toloba tosalaki ebele na misala mpona Nzambe mpe tozwaki ebele na biloko mpona kotonga ndako na biso kati na Lola, kasi soki tozali kaka na eteni mke na mabele, tokoki te kotonga ndakoo oyo monene.

Na boye ba oyo bazali kokende na Yelusaleme na Sika ekopesamela bango mapamgo minene na mabele mpo ete bango bakkisaki mpenzampenza bosokemi na moolimo. Mpo ete mabele na bango ezali monene, ba ndako na bango mpe makozala minene mpe bonzenga.

Lisusu, mpona ndako moko na moko, na lolenge eleki mpenza na kokokisama, ekozala na biloko misengela lokola ba jardin mikambami malamu mingi, maziba, mabwaku, mpe ba ngomba minene. Ekozala mpe na biloko misusu na esika yango lokola ba piscines, bisika na kosakana, ba ndajo na mabina, bongo na bongo. Yango ezali bolingo na Nzambe mpona nkolo ndako mpo ete abengisa bato oyo ye ayambaka mpe asungaka mpo ete bakola na molimo mpe bazala na bilambo mpe bakabola bolingo na bango mpona libela.

Ata lelo, Nzambe Azali koluka na molende mpona ba oyo bazali na basokemi. Ezali mpona kopesa na bango eteni monene na mabele lokola libula kati na Bokonzi na seko na Lola. Na bongo, tika ete biso tokokisa nakinoki kobulisama mpe bosokemi na motema, mpo ete tokoka kosangola eteni monene kati na Bokonzi na Lola.

Chapitre 4
L i p a m b o l i   n a   M i n e i

Mapamboli Epai na Bango Bazali

na Mposa na Kolia mpe

Na Komela Boyengebene, Pamba te Bakotonda

Matai 5:6

Mapambli epai na bango bazali na mposa na kolia mpe komela byengebene, pamba te bakotonda.

Lisese moko na Baton a Coree elobaka ete, motoo akokoma moyibi soki alei bilei te mpona mikolo misato." Elobeli biso mpona pasi na kozala na nzala. Ata moto oyo aleki makasi akoka kosala eloko moko te soki abetami na nzala.

Ezali pete te mpona kozanga ata tango mibale na kolia, mpe botala kaka soki bokoki kolia te mpona mokolo moko, mibale, to mpe misato.

Yambo, bokoyoka ete bozali na nzala, kasi na tango ngonga mingi ekoleka, bokobanda na libumu pasi, mpe bokoki mpe kozala na mitoki na malili. Bokobanda na mikusa ba nzoto na bino nioso mpe misala na ba nzoto na bino mikobanda na kobeba. Mposa na bino mpona bilei mikokoma makasi mingi na koleka na ngonga oyo. Soki ekobi bokoki ata kobungisa bomoi na bino.

Ata lelo, ezali na bato oyo banyokwamaka na nzala makasi mpe kati na bitumba bazali bakoliaka ata matiti na ba poison. Ezali na basusu oyo bakobikaka mokolo na mokolo na kozwaka eloko na kolia kati na ba fulu na ba ndako to mpe na oyo na engomba.

Kasi, oyo ekoki te kondimama koleka nzala ezali mposa na komela. Eyebana na momesano ete 70% na nzoto na moto ezali mai. Soki tobungisi kaka % 2 na mai kati na nzoto, tokozala na mposa makasi na mai. Soki tobungisi % 4, nzoto ekolemba, mpe tokoki ata kokweya makalekale. Soki tobungisi ba % 10, tokoki ata kokufa.

Mai ezali eloko mpenza na motuya koleka mpona nzoto na moto. Likolo na mposa makasi na koleka, bato misusu oyo bakobembukaka kati na lisobe na nse na moi makasi mingi bakolandaka elilingi na na kokanisaka été bango bamoni esika na mai, mpe bakobungisa bomoi na bango.

Na lolenge oyo, kozala na nzala mpe na mposa na komela ezali solo elooko na pasi, mpe ekoki ata kozwa bomoi na biso. Boongo mpo nini Nzambe Alobi ete mapamboli na ba oyo bazali na nzala mpe na mposa na komela boyengebene?

Ba oyo Bazali na Nzala mpe na Mposa na Komela mpona Boyengebene

Boyengebene ezali eloko esimbi kozala sembo. Dictionaire en ligne na Merriam- Webster elimbooli "boyengebene" lokola "kosala kati na mbeko na bolamu na bonzambe: mosika na koyoka mabe to mpe na masumu." Zinga zinga na biso, tkoki komona bato misusu ba oyo bazali ata kpesa bomoi na bango mbeka mpona kobatela boyengebene na lokuta kati na baninga. Batelemelaka mpe bozangi sembo kati na mboka na kobetaka sete mpona bondimi na bango ete yango nde boyengebene.

Kasi boyengebene na Nzambe ezali eloko na bkeseni. Ezali kolanda mokano na Nzambe mpe kosalela Liloba na Nzambe oyo Azali bolamu mpe solo yango mpenza. Ezali kolobela etape moko na moko tosengeli kolanda kino tango tokozongela na mobimba elilingi na Nzambe ebunga, mpe tokoma babulisami.

Ba oyo bazali na nzala mpe na mposa na komela boyengebeni bakosepela na Mobeko na NKOLO Nzambe mpe bakokanisa yango moi mpe butu lolenge ekomama kati na Nzembo 1:1-2. Ezali mpo ete Liloba na Nzambe ebombi nini mokanoo na

Nzambe ezali mpe misala na lolenge nini mizali misala na bosembo.

Lisusu, kaka lolenge na litatoli na Moyembi, bakoolikia na Lilooba na Nzambe mpe bakokamata yango moi mpe butu. Ezali te kaka mpo na kobomba yango lookola mayebi kasi kosalela yango kati na bomoi na bango.

Miso na ngai iyoki mpasi mpo na kotala koya na kobika na yo; mpe na Liloba na boyengebeni na Yo (Njembo 119:123).

Naino ntongo etani te nabondeli Yo. Kati nab utu miso na ngai ikolongwa na mpongi ete nakanisa Liloba na Yo. (Njembo 119:147-148).

Soki toyebi mpenza bolingo na Nzambe, tokoolikia mpenza mpenza mpona Liloba na Ye, bngoo na koyokaka nzala mpe mposa na komela mpona boyengebene. Ezali mpo ete, tososoli ete Muana moko se na Nzambe, Yesu, oyo azalaki na mbeba moko te mpe na eloko mabe mooko te, Akamataki minyoko mpe nsoni na ekulusu mpona tina na biso. Akamataki nsoni mpe ba mpasi na ekulusu mpona kosikola biso, nioso oyo tozalaki basumuki, na masumu na biso mpe kopesa biso bomoi na seko.

Soki tondimeli bolingo oyo na ekulusu, tokoka te kasi kobika na Liloba na Nzambe. Tokokanisa ete, 'Lolenge nini Nakoka kozongisa bolingo na Nkolo mpe kosepelisa Nzambe? Lolenge nini nakoki kosala nini Nzambe Alingi?' Lokola mboloko na mposa na mai akolukaka mpona libeke na mai, tokolikia lolenge na boyengebene eye Nzambe Alingaka.

Na bongo, tokotosa nokinoki na lolenge toyki Liloba,

kolongola masumu, mpe kosalela solo.

Misala na Ba Oyo Bazali na Nzala mpe na Mposa na Komela mpona Boyengebene

Na nguya na Nzambe, Nabikisamaka na ba bokono mingi mpenza eye minganga bakokaki kobikisa te. Lolenge nakutanaki na Nzambe lolenge oyo, nazalaki na mposa na Liloba na Nzambe oyo Apesaki na ngai bomoi na sika. Mpona koyoka mingi mpe kososola mingi, Nazalaka kookende na mayangani nioso na bolamuki mpe nalukaka Nzambe mpona kokutana na Ye na pembeni koleka.

Nalingaka na bango ba oyo balingaka Ngai; mpe ba oyo bakolukaka Ngai (Masese 8:17).

Na tango nayaka kososola mokano na Nzambe na nzela na mateya na kobatela mobimba na Sabata, kopesa mko na zomi esengela, mpe ete tosengeli te kya liboso na Nzambe na maboko mpamba (Esode 23:15), Namekaka kosalela Liloba na mbala mko.

Na tango nzela na kosalela boyengebene na Nzambe ebandaka, nayaka kososola ete nazalaka na koyina kati na motema na ngai. Bongo nakanisaka ete, "Ngai Nazali nani mpo ete nazala na makoki na koyina moto>"

Nazalaki na koyina epai na ba oyo bazokisaka motema na ngai na tango nazalaka na mbeto na ngai na mobeli mpona ba mbula sambo, kasi na lolenge nasosolaki bolingo na Yesu, Ye oyo abakamaki na ekulusu mpe Atangisaki makila ma Ye mpe mai mpona ngai, Nabondelaki makasi mpona kolongola koyina.

Bianga Ngai mpe Nakozongisela yo monoko, mpe Nakomonisa yo makambo minene mpe oyo ibombami oyo yo oyebaki te (Yelemia 33:3).

Na tango nazalaki kobondela mpe kokanisa lolenge na kmona na basusu, Nakokaki koomna ete bakokaki kosala na lolenge wana kati na makambo na bango.

Na lolenge nakanisaka lolenge nini bakkaki kozokisama na motema na tango bazalaki kotala bozangi elikia na ngai, koyina nioso kati na ngai ilimwaki, nde nayaka kolinga moto na lolenge nioso longwa na mozindo na motema na ngai.

Lisusu, Nabatelaki kati na bongo maloba kati na Biblia ete ezali na makambo misusu eye tosengeli 'kosala,' 'kosala te,' 'kobatela,' mpe 'koloongola.' Natiaka yango kati na misala. Nakomaki moko na moko na masumu na motema na ngai eye nasengelaki kolongola kati na mokanda, mpe nabandaki kolongola yango na nzela na mabondeli mpe na kookila. Na tango nazwaki assurance ete nalongolaki yango, Nalongolaki yango na biki motane. Suka suka, masumu nioso na motema na ngai nakomaka na kati na ebomanaki, yango ezwaki ba mbula misato.

1 Yoanne 3:9 eloobi ete, "Moto na moto oyo abotami na Nzambe akosalaka masumu te mpo ete momboto na Nzambe ekoumelaka na kati na ye." Na tango tzali na nzala na boyengebene mpe totosi mpe tosaleli Liloba na Nzambe, yango ekozala elembo ete tozali na Nzambe.

Kolia Mosuni mpe Komela Makila na Muana na Moto

Nini ezali na motuya koleka mpona ba oyo bazali na nzala mpe na mposa na komela? Ya solo, ezali bilei mpona kosilisa nzala mpe bimeli mpona kosilisa mposa na komela. Ikozala na motuya koleka ata libanda nioso na talo.

Batekisi babale bakotaki kati na hema kati na lisobe. Moke moke babandaki kobeta tolo mpona mabanga na talo bazalaki na yango. Moko na Moalaba oyo azalaki kotala bango abetelaki bango lisolo na ye.

Mobembuki oyo amesanaka kolinga mingi mabanga na mootuya. Na tango azalaka kookatisa lisobe, akutanaki na mopepe makasi na zelo. Akokaki te kolia mpona ebele na mikolo mpe alembaki makasi. Akutanaki na saki mpe afungolaki yango. Etondisamaki na mangaliti, eye amesanaki kolinga mingi.

Bongo ye azalaki mpenza na esengo mpona kokutana na mangaliti eye alingaki mingi? Solo mpenza te, kutu azalaki na bobangi makasi. OOyo alingaki na koleka na tango wana ezalaki mangaliti te, kasi bilei mpe main a komela. Litomba nini na mangaliti na tango bozali kokufa na nzala?

Yango ezali lolenge moko na molimo. Kati na Yoane 6:55, Yesu Alobaki ete, "Mpo ete mosuni na Ngai ezali bilei na solo mpe makila na Ngai ezali bimeli na solo." Lisusu, Alobaki kati na Yoane 6:53 ete, "Solo solo Nazali kloba na bino ete, 'Soko bokolia mosuni na Mwana na Moto te, mpe bokomela makila ma ye te, bokozala bomoi kati na bino mpenza te."

Mingi mingi, nini ezali bosenga na moolimo na biso ezali kozwa bomoi na molimo mpe tosepela lipamboli na kotondisama na koliaka mosuni mpe koomelaka makila na Yesu. Awa, mosuni na Mwana na Moto, Yesu, elakisi Liloba na Nzambe. Kolia moosuni na Ye elakisi kokamata mpe kobatela kati na bongo Liloba na Nzambe ikomama kati na ba buku ntuku motoba kati na Biblia. Komela makila na Yesu ezali kobondela kati na kondima mpe kosalela Liloba na tango biso totangi yango, tooyoki, mpe toyekoli Liloba na Nzambe.

Nzela na Bokoli na ba Oyo Bazali na Nzala mpe na Mposa na Komela mpona Boyengebene

Kati na Yoane chapitre 2 epesi na biso epesi na bison a mozindo limbola na bokoli kati na kondima na molimo mpe kobatela bmoi na seko na koliaka mpe komelaka makila na Muana na Moto.

Bana nazali kokomela bino mpo ete masumu na bino masili kolimbisama epai na bino mpo na nkombo na Ye. Batata, nazali kookomela bino mpo ete bosili koyeba Ye oyo Azali lngwa na ebandeli. Bilenge mibali, nazali kkomela bino mpo ete bosili koleka ye mabe. Bana, nasili kokomela bino mpo été bosili koyeba Tata. Batata, nasili kokomela bino mpo été bisili koyeba ye oyo Azali longwa na ebandeli. Bilenge mibali, nasili kokomela bino mpo été bozali makasi mpe Liloba na Nzambe eumeli kati na bino mpe bosili koleka ye mabe (1 Yoane 2 :12-14).

Na tango moto oyo ayebi Nzambe te andimeli Yesu Christu mpe Azwi kolimbisama na masumu, akoyamba Molimo Mosantu mpe wana makoki na kokoma muana na Nzambe. Elakisi ete ye akomi lokola muana bebe abotami sika.

Na tang bebe akoli mpe akomi muana mokolo, akoya koyeba mokano na Nzambe na koleka mpe lisusu, lolenge muana akoyebaka tata na mama na ye, kasi akoki mpenza kosalela Liloba na mobimba na yango te. Ezali kaka lolenge bana balingaka baboti na bango, kasi makanisi na bango mizali na mozindo te mpe bakoki te kososola mpenza na mobimba motema na baboti na bango.

Sima na tango moto alekisi lkola bebe kati na molimo, ye akokoma elenge mokolo kati na molimo oyo amikembisi na Liloba mpe na mabondeli. Ayebi nini masumu mazali, mpe ayekoli mokano na Nzambe. Bilenge mikolo bazali na makasi, mpe bazalaka mpe na makanisi na bango moko na makasi. Bongo, bakosalaka mingi ba mbeba, kasi bazali na makasi mpe na makoki masengeli mpona kokokisa mokano na bango.

Kati na bolenge na molimo, balingaka Nzambe mpe bazali na kondima makasi, nde boye bango bakokamataka makambo na mpamba mpamba te oyo na mokili. Batondisama na Molimo, bakotiaka elikia na bango na boknzi na Lola, mpe bakobundaka na masumu lolenge eyoki bango Liloba.

Bazali na makasi mpe na makoki na kotelemela mimekano to mpe komekama. Lilooba na Nzambe eyingeli kati na bango, nde boye bango bakoki kolonga moyini zabolo mpe mokili mpe na tango nioso kolonga.

Lolenge bakoleka ngonga na bilenge mikolo mpe bakokoma

lokola ba tata, bango bakokola mpenza. Na nzela na makambo bakutanaka na yango, bakoki kokanisa na nzela na makambo nioso mpona bango kokamata motindo mpo ete bango bakoka na koolukaluka malamu mpenza kati na likambo nioso. Bango bakozwa mpe bwanya mpona kkitisa mito na bango na tango mpe tango.

Ebele na bato balobaka ete tokki kososola motema na baboti, kaka sima na biso kobota mpe na kobokola bana. Na lolenge moko, kaka na tango tokomi ba tata na molimo nde tokooka kososola Nzambe lngwa na ebandeli, mpo ete tokooka kossola mokano na Ye mpe tozala na kondima na esika na likolo.

Tata na molimo azali moto oyo azali na etape na kososola Nzambe longwa na ebandeli mpe basekele misusu na mokili na molimo ata kokela na ba likolo mpe mokili. Mpo ete ayebi motema mpe mkano na Nzambe, akoki kaka kotosa kolandana na motema na Nzambe, mpe bongo, akozwa bolingo mpe mapamboli na Nzambe. Akoki kozwa mapambli na lolenge nioso ata na nzoto malamu, koyebana, bokonzi, bozwi, mapamboli na bana , mpe bongo na bongo.

Lipamboli na Kozala na Bosepeli na Molimo

Sima na biso kobotama sika lokola bana na Nzambe, na lolenge toile bilei na solo mpe bimeli na solo, tokki kokola kati na molimo mpe kokende kati na dimension na molimo. Na mozindo na dimension na molimo ekokoma mozindo, tokoka na bopete kokonza moyini zablo mpe Satana, mpe lisusu tokozala na makoki na kososola mozindo na motema na Nzambe Tata.

Tokozala na makoki na kosolola malamu na Nzambe mpe totambwisama na Molimo Mosantu kati na makambo nioso mpo été tokofuluka kati na makambo nioso. Bomoi na kososola na Nzambe na nzela na kotondisama na Molimo Mosantu ezali lipamboli na kosepela eye epesami na ba oyo bazali na nzala mpe na mposa na komela na boyengebene.

Lolenge elobami na Matai 5:6, "Mapamboli epai na bango bazali na mposa na kolia mpe komela boyengebene, pamba te bakotonda," ba oyo bazali kozwa lipamboli na kobulisama bazali na tina moko ten a kokutana na mimekano mpe na mikakatano.

Ata soki ezali na ba kokoso, Nzambe Akosunga bis mpo ete tokka na kokima yango na nzela na bokambami na Molimo Mosantu. Ata soki tokutani na mikakatano, Nzambe Atikaka na biso toyeba ba nzela na kobima na yango. Lolenge moolema na biso ifuluki, makambo nioso ekotamabola malamu na biso, mpe tokozala na ba nzoto makasi, tookotambwisama na kofuluka kati na makambo nioso, mpo ete bibebo na biso mikotondisama na matatoli.

Soki totambwisami na Molimo Mosantu na lolenge oyo, tokozwa makasi na kososola na bo pete masumu mpe mabe mpe na kolongola yango, nde bonye, tokoki kopota na nzela na kobulisama. Na nzela na kokoma babulisami kati na bomoi na basin a Bakristu ezali eloko na pete te komona makambo mazali mpenza nan se na mitema na biso to mpe masumu mike mpe na mike koleka.

Kati na likambo oyo, soki Molimo Mosantu Angengisi pole na Ye epai na biso, tokoka kososola nini esengeli na biso kosala mpe kokokisa. Tokka bongo kokende kati na etape eleki likolo kati na kondima.

Lisusu, ata soki tozali kosalela bozangi solo mpona kosala masumu te, Tokoki tango mosusu kososola nzela nini te ekosepelisaka Nzambe kati na makambo ndenge na ndenge. Na boye, soki tokososola nini esepelisaka Nzambe na koleka na nzela na misala na Molimo Mosantu mpe tosali yango, moolimo na biso ekofuluka kutu na koleka.

Motuya na Bilei na Solo mpe Bimeli na Solo

Kozala na ba nyongo na mikama na ba nkoto na ba dolar, mondimi moko ayebaki te nini esengelaki ye kosala. Nde bongo, alingaki kkende liboso na Nzambe mpe akangama na Ye. Na kondimaka ete ye azalaki kokangama na elikia wana na sika, abandaki kobondela mpe ayokaki na Liloba na Nzambe na motema na kolikia.

Ayokaki na cassette na mateya na nzela na ye na mosala mpe azalaki kotanga chapitre ata moko na Biblia mpe azalaki kokanga moko na eteni na Biblia mokolo nioso.

Bongo Liloba na Nzambe eyelaki ye na bongo na ngonga nioso na moklo na ye akokaki koolanda yango.

Kasi yango elakisi te ete ekuke na mapamboli efungwamaki na mbala moko. Lolenge alukaki mpenza na molende mokano na Nzambe mpe abondelaki makasi, kondima na ye eklaki. Molimo na ye efulukaki, mpe mapamboli mabandaki koya kati na bombongo na ye. Kala te, akokaki kofuta mikama na ba nkoto na ba dolar na ba nyongo azalaki na yango. Moko na zomi na ye ekobi na komata kino lelo.

Na boye, soki solo tokozala na nzala mpe na mpoosa na komela boyengebene, kaka na loolenge ba oyo bazali na nzala mpe na mpsa na komela bakolukaka bilei mpe mai, tokokokisa boyengebene. Lokola lifuti, tokozwa mapamboli na nzoto makasi mpe na misolo. Tokozwaka kotondisama mpe inspiration na Molimo Mosantu mpe tookozala na lisolo na Nzambe. Tokokoka kokokisa Boknzi na Nzambe na esika eleki likolo.

Boni boni ngai nakokanisaka Nzambe, mpe natangaka mpe nabanzaka Liloba na Ye mokolo na mokolo?'

'Lolenge nini ngai nabondelaka makasi mpe namekaka kosalela Liloba na Nzambe?'

Tika tomitala biso mpenza na lolenge oyo, mpe tozala na nzala mpe na mposa na komela mpona boyengebene kino tango Nkolo Akozonga, mpo ete tokoka kozwa lipamboli na kozala na kosepela na molimo na Nzambe Tata.

Bongo, tokokoka kosolola na mozindo na Nzambe mpe kotambwisama na nzela na bomoi na bofuluki, mpe na motuya koleka, tokokooma na esika na nkembo kati na bokonzi na Lola.

Mapamboli epai na bango Bakoyekela
Bamosusu Mawa, pamba te Bamosusu
Bakoyokela bango Mawa

Matai 5:7

Mapamboli epai na bango bakoyokela bamoosusu mawa, pamba te, bamosusu bakoyokela bango mawa.

Yoane Valjean kati na Les Miserables azalaki kati na boloko mpona ba mbula zomi na libwa kaka mpona koyiba eteni na lipa. Sima na ye kobimisama, sango moko asungaki ye na bilei mpe na esika na kolala, kasi ye ayibaka etemeli na palata na mwinda epai na ye mpe akimaki. Akangamaki mpe bamemaki ye epai na sango na ba pulusu.

Sango alobaki ete ye apesaki yango epai na Yoane Valjean mpona kobikisa ye. Na kotunaka Yoane Valjean mpo nini. "Mpo nini yo kamataki sani moonene te elongo?" asalaki ete detective na ba pulusu azala na tembe na eloko moko te.

Na nzela na likambo oyo, Yoane Valjean ayekolaki likolo na booolingo na solo mpe bolimbisi, mpe abandaki kobika bomi na sika. Kasi detective Javert abandaki bongo kolandela Valjean mpe apesaki na ye ba kokoso makasi kati na bomoi na ye. Na sima, Valjean abikisaki ye na kobomama na masasi. Alobaki ete, "Ezali na ebele na makambo maye mazali minene lokola mai monene, mokili, mpe likolo, kasi bolimbisi ezali eloko moko eleki monene."

Koyokela Basusu Mawa

Soki tokolimbisa basusu kati na mawa, tokoka kosimba mitema na bango mpe wana mbongwana na motema ekoki kozala. Nini ezali limbola na mawa?

Ezali motema na lolenge oy na kolimbisa mpe na kobondela mpe na kopesa toli kati na bolingo epai na moto oyo, ata soki asalaki masumu to mpe kopesa biso pasi. Ezali lolenge moko na bolamu eye emonana kati na ba mbuma libwa na Molimo

Mosantu kati na Bagalatia chapitre 5, kasi yango ezali na mozindo koleka wana.

Bolamu na motema ezali motema na kolanda kaka bolamu na kozala na mabe moko te, mpe emonani malamu na nzela na motema na Yesu oyo atikalaki na koswana te to mpe konganga. Akowelana te, Akonganga te, mto akoyoka mongongo na Ye kati na nzela te. Akobuka lititi litutami te ; Akozimisa lotanbe loziki mokemoke te ; ino ekosila Ye kosambisa sembo, mpe mabota na bapaya makolikia na nkombo na Ye (Matai 12 :19-20).

Akobuka lititi litutami te elakisi ete ata soki moto moto asali mabe, Nkolo Akopesa ye etumbu na mbala moko te kasi akokanga motema mpona ye kino tango akozwa lobiko. Ndakisa, Yesu Ayebaka ete Yudasi Mokaliota azalaki kokende na kotekisa Ye na sima, kasi Apesaki ye toli kati na bolingo mpe Amekaki kososolisa ye kino suka.

Lisusu, kozimisa lotambe loziki mokemoke te elakisi ete Nzambe Abwakaka bana na Ye na mbala moko te, ata ski bango bazali koobika kati na solo te. Ata soki tokki kosumuka mpo ete tozali naino ya kokoka te, Nzambe Akopesa na biso bososoli na nzela na Molimo Mosantu mpe Akokanga motema mpona biso kino suka mpo ete tokoka kombongwana na nzela na solo.

'Mawa' ezali kososola, kolimbisa, mpe komema basusu na nzela esengeli na motema na lolenge oyo na Nkolo, ata soki bakosala biso mabe mpona ntina moko te. Ezali te kokanisa na lolenge na biso moko mpona basusu, mpo ete tokoka kososola basusu mpe kolakisa mawa epai na bango.

Yesu Alimbisaka Mwasi na Ekobo

Kati na Yoane chapitre 8, Bafalisai mpe bakomi na mibeko bamemaki mwasi moko oyo akangamaki na likambo na ekobo liboso na Yesu. Mpona komeka Ye, batunaki motuna.

"Kati na Mobeko, Mose alaki ete ekoki koboma basin a ndenge oyo na mabanga. Yo ozali koloba nini?" (et. 5) bobanza kaka likambo na lolenge oyo. Mwasi oyo asalaki ekobo asengelaki na kolenga makasi na soni na lisumu na ye kotalisama liboso na bato nioso mpe bobangi na kufa.

Bakomeli wana na ba Falisai na kotondisama na makanisi mabe bamitiaki na esika na mwasi wan ate oyo atondisamaki na kolenga. Bazalaki kutu na lolendo mpo ete bakokaki sasaipi kokweyisa Yesu na motambo. Basusu kati na bato oyo bazalaki kotala likambo basilaki solo kolokota mua mabanga kati na kosambisaka ye kolandana na Mobeko.

Yesu Asalaki nini? Na kimia Akitaki nan se mpe na lisapi na Ye Azalaki kokma nan se. Ezalaki ete Akmaki masumu oyo baton a esika wana bamesanaki na kosala. Bongo, Atelemaki mpe Alobaki ete, "Ye oyo azali na lisumu te kati na bino abwakela ye libanga liboso" (et. 7).

Bayuda babanzaki masumu na bango moko mpe bayokaki soni, mpe moko na moko baloongwaki esika. Sukasuka, etikalaki kaka Yesu mpe mwasi. Yesu Alimbisaki ye mpe Alobaki na ye ete, "Ngai mpe Nakokitisa yo te. Longwa sasaipi kenda mpe sala lisusu lisumu te" (et. 11). Esengelaki kobosama soko te mpona mwasi wana mpona bmoi na ye mobimba. Akokaki kbanda wana kosala lisusu moko te kobanda moklo wana.

Lolenge oyo mawa ekoki kotalisama na ba lolenge mingi, mpe ekoki kokabolama na mawa na kolimbisa, mawa na kopesa etumbu, mpe mawa na lbiko.

Limitless Mercy of Salvation Mawa Ezanga Suka Mpona Lobiko

Ba oyo bandimeli Yesu Christu lokola Mobikisi na bango basila kozwa mmawa monene na Nzambe. Soko mawa na Nzambe ezali te, tokoki kaka kokweya kati na Lifelo likolo na masumu na biso mpe tonyokwama mpona libela.

Kasi Yesu Atangisaka makila ma ye na ekulusu mpona kosikola baton a masumu na bango, mpe na tango tondimeli yango, tokoka kolimbisama na motuya moko te mpe tokoka kobikisama: oyo ezali mawa na Nzambe.

Ata sasaipi, na motema na baboti ba oyo bakozelaka kati na mitungisi mpona bana na bango oyo balongwaki ndako, Nzambe Azali kozela na komilela na milimo mikoki kotangama te ete baya na nzela na lobiko.

Lisusu, ata soki moto moko azokisi motema na Nzambe mingi mpenza, soki ye atubeli kaka na motema na solo mpe azong, Nzambe Akopamela ye ten a kolobaka ete, "Mpo nini yo olembisa Ngai boye? Mpo nini yo osali ebele na masumu boye?" Nzambe Akoyambaka ye kaka na bolingo na Ye.

"Boye tolobana likambo elongo moko; Yawe Alobi bongo. Ata masumu na bino ezali motane lokola ngola, ekokoma pembe lokola mbula pembe; ata izali motane lokola makila, ikozala lokola nkunza na bampate" (Yisaya 1:18).

Mosika pelamoko yango kati na epai na ebimelo na ntango mpe epai na elimwelo nan tango, mosika boye Asili kolongola bipengweli na biso."(Nzembo 103:12)

Na tango ezali na moto moko oyo na liboso asalaka likambo mabe, soki atubelaki mpe asilaki na kolongwa, ba oyo bazali na mawa bakotikala kokanisa mbeba na ye na kala t, kokanisaka ete, 'Ye asalaki lisumu mnene na kala.' Bazala mosika na ye te to koboya kolinga ye kasi bakolimbisaka kaka ye. Bakopesa na ye makasi mpona kosunga ye asala malamu na koleka.
Lisese na Mosali Alimbisami na Nkoto zomi na ba Talanta

Mokolo moko Petelo asengaki Yesu likolo na bolimbisi. "Nkolo, soko ndeko na ngai akosalela ngai mabe,, nalimbisa ye mbala boni? Kino mbala sambo? (Matai 18:21) Petelo akanisaki ezalaki mpenza malamu kolimbisa kino mbala sambo. Yesu Azongisaki ete "Nalobi nay o te kino mbala sambo kasi kino sambo mbala ntuku sambo", (Matai 18:22).

Yango elakisi te ete tosengeli kolimbisa mbala ntuku sambo na sambo, mingi mingi, mbala 490. Sambo ezali motuya na kokokisama. 'Ntuku sambo na sambo' elakisi ete tosengeli kolimbisa na suka te mpe na kokokisama. Bongo, elongo na lisese, Yesu Alakisaki likolo na mawa mpe kokokisama. Bongo, elongo na lisese, Yesu Alakisaki likoolo na mawa mpe na bolimbisi.

Mokonzi azalaki na basali ebele. Moko na basali azalaki na nioso na mokonzi na ba talata ntuku zomi, kasi akokaki kofuta yango te. Talanta moko na tango wana ezalaki denari 6,000. Ezalaki na lifuti na mikolo 6,000. Yango ezali lokola ba mbula nkoto zomi na motoba na mosala na bato.

Tloba ete lifuti na mosali mpona mokolo moko ezali na ba won 50,000, to ba dollar 50$. Bongo, talanta moko ezali mingi lokola 300,000,000 to mpe pembeni na ba dollar 300,000. Ba talanta nkoto zomi ezali bongo ba trillion 3 na ba won to ba dollar milliard 3. Esika wapi mosali akokaki kozwa mootuya na misolo oyo?

Mokonzi ayebisaki ye ete atekisa mwasi na ye, bana, mpe biloko na ye nioso mpona kofuta niongo. Mosali akweyaki na mabele mpe amilelaki epai na mokonzi na kolobaka ete, "pesa ngai mua tango mpe nakofuta yo nioso" (v. 26). Mokonzi ayookaki mawa mpe abimisaki ye mpe alimbisaki nyongo na ye.

Mosali oyo ooyo alimbisamaki na ba nyongo monene boye akutanaki na moko na moninga na ye mosali oyo azalaki na nyongo na ye na ba denarii 100. Denari ezalaki likuta na palata na Bokonzi na Baloma mpe ezalaki lifuti na mokolo moko mpona mosala na moto. Soki tokoloba ete lifuti na mokolo moko ezali na ba won 50,000, niongo nioso oyo mosali oyo azalaki na yango ezalaki kaka milio 5, to mpe lokola ba dollar 5,000. Ezali solo misolo moke kopima na ba talanta nkoto zomi.

Kasi mosali oyo alimbisamaki na nyongo na ye akangaki ye mpe abandaki kofina ye kingo, na kolobaka été, 'Futa niso ozali na niongo.' Ata soki moto oyo asengaki mawa, ye abwakaki ye kaka na boloko.

Ezali mpe lolenge moko na biso. Bis oba oyo tosengelaki kokende na nzela na kufa likolo na masumu tolimbisamaki na masumu na biso na motuya moko te, kaka na bolingo na Yesu Christu. Kasi soki tokolimbisaka ba mbeba mike na basusu te mpe tkosambisaka mpe kokatelaka bango mabe, boni mabe ooyo ezali !

Tozala na Mitema Minene Mopna Kolimbisa Basusu

Ata lelo soki tokki kokutana na mua bobungisi likolo na basusu, tosengeli te koyina bango to mpe kokima bango, kasi tososola bango to mpe toyamba bango. Lolenge oyo, tokoka kozala na motema moonene mpona koyamba ebele na bato.

Soki tozali na mawa, tokoyina moto moko te to mpe kozala na kooyoka mabe moko te epai na moto moko. Ata soki moto mosusu akosala likambo moko mabe na miso na Nzambe, esika na kopesa etumbu na liboso, tosengeli naino kozala na makooki na kopesa toli kati na bolingo.

Lisusu, na tango bazali koopesa toli epai na basusu, bato misusu bazalaka koyoka mabe epai nini basusu basalaki mpe bazokisaki mitema na bango na kopesaka toli. Mpe basengeli te kokanisa ete bazali kopesa toli kati na bolingo. Ata soki baloobeli likambo longwa na liloba na solo, soki bakosala yango kati na bolingo te, bakoki te kozwa misala moko na Molimo Mosantu. Nde bongo, bakoka kobongola mitema na basusu te.

Ata soki bakambi basali likambo moko mabe epai na basinzili na bango, 1 Petelo 2:18 elobi ete, "Bino basali na kati na ndako, botosa bankolo na bino na kobanga nioso, bobele bango malamu mpe na boboto te, kasi bango na mikakatan lokola." Na bongo, tosengeli kotosa mpe kolanda kati na koomikitisa mpe tobondela mpona bango kati na bolingo.

Lisusu, na tango basinzili basali likambo mabe epai na batambwisi na bango, batambwisi basengeli kaka te kopamela bango na mbala moko to mpe kaka kotika bango na kobebisa kimia te mpona tango wana. Basengeli kozala na makoki na kotangisa nango na Liloba mpona kososolisa bango malamu. Oyo mpe ezali lolenge na mawa.

Na tango bakambi bakolandelaka basinzili na bango kati nab lingo mpe mawa mpe batambwisi bango kati na bolamu, bakoka kotelema malamu. Lisusu, batambwisi bakozala na makoki na kopesa mabonza mpo ete bango basalaki mosala na kotambwisa bango mpe kokamba bango bapesamelaki bango.

Ata likambo na lolenge nini tokokutana na yango, tosengeli kokoka na kososola makanisi na basusu. Tosengeli koobondela mpona bango mpe kopesa toli epai na bango kati na bolingo na oyo tokoka ata kopesa bmoi na biso mbeka mpona bango. Na tango tozali na bolingo na lolenge oyo, tokoki ata kopesa etumbu na ba oyo bakokendaka nzela mabe na lolenge esengeli mpona komema bango kati na solo.

Mawa kati na Etumbu Ebombi Bolingo

Na tango ezali na mawa na bolimbisi, ezali mpe na mawa na etumbu. Yango ezali na tango mawa etalisami na lolenge na etumbu klandana na likambo ekomi. Mawa oyo na etumbu esalemi te mpona koyina moko boye to mpe kokatela mabe. Ezali kowuta na bolingo.

Pamba te Nklo Akoopesaka bitumbu epai na ba oyo Akolingaka bango, Akobetaka mwana na mwana baoyo Ye akoyambaka bango. Boyika mpiko mpona etumbu. Nzambe Azali kosalela bino lokola bana. Mpo ete mwana nini azali, oyo tata na ye akopesaka ye bitumbu te? Sok bozangi etumbu, oyo bato nioso basangani na yango, bozali bana babotami na ekobo, bozali bana na solo te (Baebele 12:6-8).

Nzambe Alingaka ban aba Ye, mpe yango wana na ba tango misusu bitumbu mindimama mpona bango. Yango ntina, Nzambe Asungaka bango ete balongwa na masumu mpe basala kolandana na solo.

Toloba ete bana na bino bayibaki eloko moko. Kaka mpo ete ezali bolingo mpona kozongisa bana na bango na nzela malamu, ezali slo na baboti mingi te ba oyo bakobeta bana na bango na fimbo mpona mbeba na bango na mbala liboso. Soki bango batubeli na main a miso mpe kati na motema, baboti bakoyamba bango solo makasi mpe bakoloba ete, "Nakolimbisa yon a mbala oyo. Komeka lisusu kosala yango te."

Kasi soki bana balobi ete bayoki mabe mpe bakosala yango lisusu te, kasi na misala bakozongelaka makambo mko wana, bongo, baboti basengeli kisala nini?

Basengeli kosala oyo ekoki na bango kosala mpona kopesa bango toli. Soki bayoki te, ata soki ekoki kozokisa motema, baboti basengeli kosalela fimbo mpe babeta mpe bango, mpo ete bakoka kobatela yango na mozindo na motema na bango. Mpo ete baboti balingaka bana na abango, bakopesa bango etumbu mpo ete bakoka kobaluka liboso na kokoba na nzela oyo ezali mpenza mabe.

Na Tango Bana Bakosumukaka

.Moyibi oyo azalaki kotelema na ndako na kosambisa liboso na kosambisa. Na tango akutanaki na mama na ye, angangaki na kolobaka ete nioso ezalaki mabe na ye yang akomaki moyibi. Alobaki ete akomaki moyibi mpo ete mama na ye apesaki ye etumbu ten a tango ayibaka eloko na mbala liboso na tango na bomwana na ye.

Na tango etunamaki mpona nini bapesaki etumbu mok ten a bana na bango oyo basalaki mabe, mingi na baboti bakolobaka ete ezali mpo ete balingaka bana na bango. Kasi Masese 13:24 elobi ete, "Ye oyo aboyi fimbo abebisi mwana na ye; Kasi ye oyo alingi ye akopesa ye etumbu na n tango ekoki."

Soki tokokanisela kaka mpona bana na biso ete, 'O, bebe na ngai moko,' nde, ata mabe oyo izali komonana lokola bolamu. Likolo na affection oyo na mosuni, ebele na bato basosolaka te kati na malamu mpe mabe, mpe bakosambisaka mabe.

Lisusu, ata na tango oyo bana bazali kosala na lolenge eye esengela te, baboti bakopamelaka bango te, kasi bazali kaka kondima yango. Bongo, bizaleli na bana mikokoba na kokende nzela mabe mpe kotambwisa mabe.

Ndakisa, kati na 1 Samuele chapitre 2, tomoni bana babale na nganga Nzambe Eli, Hofini mpe Pinebase bazalaki kolala basi oyo bazalaki kosala na ekuke na hema na bokutani. Kasi Eli alobelaki bango kaka ete, " Te, bana na ngai,, ezali nsango malamu te oyo ezali ngai koyoka; bozali kosalisa baton a Yawe masumu." (et. 24). Bana babali babale bakobaki na kosumuka mpe bakutanaki na kufa na somo.

Soki nganga Nzambe Eli apamelaki bana na ye makasi mpenza mpe na tango na tango apamelaki bango na lolenge esengeli kokende na nzela esengeli mpona mosali na Nzambe, bango balingaki te kokma esika ekomaki bango. Bakomaki na esika oyo bango bakokaki kozonga na sima te mpo ete tata na bango akolisaki bango malamu ten a nzela eye esengelaki te.

Kasi ata na etumbu na lolenge moko, soki ezalaki na masumu moko te kati na yango, tokoki te koloba ete ezalaki mawa. Toloba ete mwana na moko na bazalani na bin ayibaki eloko epai na bino. Bongo, nini bosengeli na kosala?

Ba oyo bazali na bolamu bakozala na mawa epai na ye mpe bakolimbisa ye soki mwana asengi na bolimbisi kati na motema. Kasi ba oyo bazali na bolamu te bakozwa kanda epai na mwana mpe bakobeta ye, mpe ata soki asengi bolimbisi, bakokoba na kosenga etumbu. To, bakoki kotalisa yango mpe kopanza yango epai na bato ebele, to bakobanda kobanza yango mpona ba tango mingi mpe kokolisa prejudice likolo na mwana oyo.

Etumbu na lolenge oyo ewutaka na koyina, mpe oyo ezali maw ate. Ekoki te kobongola moto mosusu. Na tango tozali kopesa etumbu, tosengeli kopesa etumbu epai na moto yango kati na bolingo na kotalaka lolenge na ye mpe na mikolo nakoya kokomisa yango etumbu kati na mawa.

Na Tango Bandeko Kati na Kondima Basumuki

Na tango ndeko kati na kondima asumuki, Biblia elobeli bison a molai lolenge nini tosengeli kosalela ye.

Soko ndeko nay o akosalela yo mabe, kenda koloba na ye mpona libunga na ye, bino na ye esika moko. Soko akoyoka yo, okolonga ndeko nay o. Soko akoyoka yote, kamata moko to mibale nay o elongo ete likambo lindimana na monoko na batatoli mibale to misato. Soko akoyoka bango te, loba na lingomba. Soki akoyoka lingomba te, azala nay o lokola mopagano mpe mokongoli na mpako (Matai 18:15-17).

Na tango tomoni ndeko kati na kondima koosumuka, tosengeli naino te kopanza yango epai na basusu. Yambo, tosengeli koloba na ye moto moto mpo ete akoka kolongwa na yango. Soki ye azali koyoka te, tosengeli koloba elongo na ba oyo bazali likolo kati na lisanga na ye mpo ete akka kombongwana.

Soki akobi na koboya koyoka, tosengeli koloba epai na bakonzi mpona komema ye na nzela lobiko. Soki akobi na koboya koyoka bakonzi na lingomba, bongo, Biblia eyebisi na biso ete totala ye lokla mopagano. Tosengeli te kosambisa to mpe kokatela mabe ata moto oyo azali kosala lisumu na makasi. Kaka na tango totalisi bolingo mpe ngolu nde tokoki kozwa mawa na Nzambe mpe lokola.

Mawa kati na Misala na Kokabela

Ezali elooko oyo esengeli mpona bana na Nzambe bakoka na kosunga ba oyo bazali kati na bosenga mpe batalisa mawa epai na bango. Na tango bandeko kati na kondima banykwami, soki tokoloba kaka ete toyoki mawa kasi totalisi mosala mko te, nde, ekooki te kolobama mpona biso ete tozali na mawa. Mawa kati na misala na kokabela na miso na Nzambe ezali kokabola nini tozali na yango elongo na bandeko oyo bazali kati na bosenga.

Yakobo 2:15-16 elobi ete, "Soko ndeko mobali to mpe ndeko mwasi azali bolumbu mpe na bosenga na bilei na mokolo na mokolo, mpe moko na bino alobi na ye bongo ete, 'bokenda na kimia, boyoka moto, botonda; nde bopesi bango yango ezangi bango na nzoto te, wapi litomba?"

Basusu bakoki koloba ete, "Nalingi solo kosunga, kasi nazali na eloko moko te mpona kopesa na bango." Kasi moboti nini akotala kaka bana na bango balala nzala, kaka mpo ete bazali na kokoso na misolo? Na lolenge moko, tosengeli kokoka ksala epai na bandeko na bison a lolenge tokokaki kosalela bana na biso moko.

Ba Oyo Bapesami Etumbu Likolo na Masumu na Bango

Na tango totalisi mawa mpe tosungi ba oyo bazali na bosenga, tosengeli kobatela likambo kati na makanisi. Ezali te ete biso tosengeli koosunga ba oyo kati na mikakatano te likolo na masumu na bango epai na Nzambe. Oyo ezali komema mikakatano eyela biso moko mpenza.

Na tango na boknzi na Mokonzi Ye

Mokolo moko Nzambe Albaki na Yona ete akenda na mbokaNiniwe, yango ezalaki mboka mokonzi na na mboka oyo ezalaki kootelemela Yisalele, mpe atatolaki kokebisama na Nzambe. Ezalaki ete moka na Ninewe atondisamaki na masumu mpe Nzambe Alingaki koboma yango.

Yona ayebaki ete, soki baton a Ninewe batubelaki sima na bango koyoka bokebisi na Nzambe, bango balingaki kokima kobebisama. Ayebaki motema na Nzambe oyo ezalaki na mawa ezanga suka mpe Ye mko Azalaki bolingo. Nde, ezalaki lokola kosunga Asulia, oyo azalaki kobundisa Yisalele. Bongo, Yona aboyaki kotosa Liloba na Nzambe mpe amataki na masua oyo ezalaki kkende na Tarsis.

Bongo, Nzambe Atindaki mopepe monene, mpe baton a kati na masua babwakaki nioso bazalaki na yango kati na masua mpe babungisaki mingi. Suka suka bayaki koyeba ete ezalaki likolo na Yona nde ye oyo aboyaki kotosa Nzambe. Bayebaki ete mopepe makasi ikotika soki babwai Yona libanda na masua kati na mai monene lolenge Yona alobelaki bango, kasi kati na bolingo na bango mpona ye bakokaki kosala yango te. Basengelaki knyokwama elongo na ye kino tango balingaki kobwaka libandana masua.

Kamata ndakisa oyo lokola liteyo, na tango totalisi mawa na

biso, tosengeli kzala na mayele. Tosengeli ksosola ete soki tokosunga ba oyo bazali kati na kokso likolo na etumbu na Nzambe, biso mpe tokokweya kati na mikakatano na lolenge moko.

Lisusu, kati na likambo na bokeseni, soki moto azalali na nzooto makasi kasi azalali kosala te mpo kaka azalai na bolembu, ezali malamu te kosunga moto na lolenge oyo. Ezali lolenge mk na ba oyo bamesana kosenga lisungi na basusu, ata ete bango mpe bakoki kosala.

Bongo, tosengeli kaka te kosunga moto nioso oyo azali kati na bakokoso. Tosengeli kososola likambo na likambo mpo ete biso moko tokoka na kokutana na kokoso moko te sima na kosunga basusu.

Kotalisa Mawa Epai na Bapagano

Awa, eloko moko na motuya ezali ete tosengeli kotalisa mawa na biso kaka epai na bandek kati na kondima te kasi mpe epai na bapagano.

Ebele na bato balingaka kozala na boninga elongo na basusu oyo bazali na bozwi mpe koyebana, kasi bango bakotalaka mpamba mpe bakoolingaka te kozala pembeni na ba oyo bazwi te kati na nzela na kotambola kati bomoi na bango. Bakoki kosunga baton a lolenge oyo mbala mibale likolo na bokamarade na kala, kasi yango ekka te kokoba. Kasi biso tosengeli te kotala pamba to mpe kokitisa sko nani. Tosengeli komona basusu malamu koleka biso moko mpe tosalela moto nioso kati na bolingo.

Ezali na basusu oyo bazalaka mpenza na mitema na maw aba oyo baktalaka mpenza bapasi na basusu. Ezali na bato misusu oyo bakosungaka basusu kati na kokso liklo na miso na bato misusu. Nzambe Atalaka na kati na motema na moto, Alobi ete mawa ezali kosunga basusu kati na bolingo na solo, mpe Akopambola ba oyo bakotalisaka mawa na solo.

Mapamboli epai na Ba oyo Bazali na Mawa

Nini ezali mapamboli eye Nzambe Akopesaka epai na ba oyo bazali na mawa? Matai 5:7 elobi ete, "Mapamboli na ba oyo bakoyekela bamosusu mawa, pamba te, bamosusu bakoyokela bango mawa."

Soki tokoki koolimbisa mpe kotalisa mawa ata epai na ba oyo bakopesaka na biso kokoso mpe bakomemela biso kobungisa makasi, Nzambe Akotalisa mawa epai na biso mpe Akopesa biso libaku malamu na klimbisama ata na tango tokomema pasi na kokomela basusu kati na mbeba.

Libondeli na Nkolo elobi ete, "Limbisa biso mabe na biso, lokola tokolimbisaka na basusu" (Matai 6:12). Tofungoli nzela na kozwa mawa na Nzambe na kotalisaka mawa epai na basusu.

Na tango na lingomba na ebandeli, ezalaki na moyekoli na nkombo na Tabita (Misala 9:36-42). Bandimi na Yelusalema bapalanganaki na bisika mingi likolo na minyokoli makasi mingi. Basusu kati na bangoo bafandaki na engomba na libongo na nkombo na Jopa. Mboka oyo ekomaki moko kati na eyanganeli na Bakristu, esika wapi Tabita azalaki kofanda. Asungaki ba oyo bazalaki baboola mpe kati na bosenga. Kasi mokolo moko akomaki maladi mpe akufaki.

Ba oyo bazwaki lisuni na ye batindaki bato epai na Petelo mpona kosenga na ye été asekwisa ye. Batalisaki bilamba nioso mpe matambala eye amesanaki kosala na tango azalaki eloongo na bango, kolobelaka liklo na makambo malamu nioso ye asalaki.

Suka suka, akutanaki na mosala na kokamwisa na Nzambe na ye kozongisama na bomoi na nzela na mabondeli na Petelo. Azwaki lipamboli na bomoi na ye na kokmisama molai na mawa na Nzambe.

Lisusu, na tango tozali na mawa epai na ba oyo bazali babola mpe kobela, Nzambe Akopesa na biso lipamboli na kozala na nzoto makasi mpe na misolo.

Likolo na bobola mpe ba bokono na oyo nakokaki koomona suka te, nasengelaki koolekisa mikolo na pasi kati na bolenge na ngai. Na nzela na tango wana nde nayaka kososola mitema na ba oyo bakutanaka na ba kokoso.

Koleka ba mbula ntuku misato longwa na tango wapi na bikisamaki na ba bokono na ngai nioso na nguya na Nzambe, Nazalaki kobika na nzoto malamu mingi mpe ata na bokono na lolenge moko te. Ata bongo, nakki te kobungisa bolingo na ngai mpona ba oyo bazali konyokwama na ba bokono mpe na bobola, mpe na ba oyo babakwama mpe babosanama.

Bongo, kaka te liboso na ngai kofungola lingomba, kasi mpe lisusu sima na kofungola na lingomba Nalingaka kopesa lobko na ba oyo bazalaki kati na bosenga. Nakanisaki te lokola ete,

"Nakosunga na tango nakomi mozwi." Nasungaki kaka basusu soko ezala monene to mpe mooke na misolo.

Nzambe Asepelaka na misala oyo, mpe Apambolaki ngai mingi mpenza nde nakoki kopesa mingi mpenza epai na Nzambe mpona misala na sango malamu o mokili mobimba mpe mpona kkokisa bokonzi na Nzambe. Lolenge ezalaki ngai kolona nkona na mawa mpona basusu, Nzambe Atika ngai nabuka mingi.

Soki toloni mawa epai na basusu, Nzambe Akolimbisa mpe masumu na biso. Akotondisa biso mpo ete tokka kozanga eloko moko te, mpe Akobongola bolembu na biso kati na nzooto makasi. Yango ezali mawa eye tokoki kozwa epai na Nzambe na tango tozali na mawa mpona basusu.

Yoane 13:34 elbi ete, "Nazali kopesa bino lilac na sika ete, 'Bolinganaka; bolingaka lokola ngai Nalingi bino," Lolenge elobani ete, tika ete biso topesana makasi mpe bomoi epai na ebele na baton a solo na mawa, mpo ete tokoka kosepela bomoi na bofuluki kati na mapamboli na Nzambe.

Mapamboli Epai na Bapetwi na Motema, pamba te Bakomona Nzambe

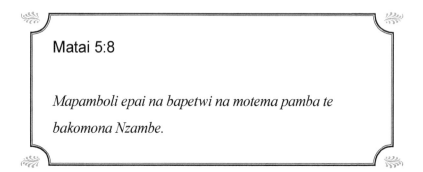

Matai 5:8

Mapamboli epai na bapetwi na motema pamba te bakomona Nzambe.

"Likambo na liboso Nayokaki na tango nakitaki na sanza ezali bokeli na Nzambe mpe bozali na nkembo na Nzambe."

Ezali litatoli eye James Irwin, ye oyo akendaki na sanza kati na Apollo 15, na mbula 1971. Yango ezalaki litatoli na sango mingi oyo esimbaki motema na ebele na bato kati na mokili mobimba. Na tango azlaki kolakisa na Hongrie, motangi moko atunaki na ye ete.

"Moko ten a ba astronaut na ba Sovietique alobaki ete amonaki Nzambe kasi mpo nini yo ozali koloba ete omonaki Nzambe kati na Univer mpe opamboli nkembo na Ye?"

Eyanoo na Irwin ezalaki mpenza polele epai na moto nioso nde ekokaki kobetama ntembe te. "Ba oyo bazali bapetolami kati na motema bakoki komona Nzambe!" Afandaki kati na sanza mpona ba tango 18, mpe elobamaki ete ye atangaki Nzembo 8 na komonaka mokili mpe univer eye Nzambe Akelaka.

"E YAWE, Nkolo na biso, Nkombo
 nay o ezali na
Nkembo mingi kati na mokili
 mobimba;
Otii nkembo na Yo mpe
 Likolo na Lola.
Ekomona ngai balikolo oyo
 ezali msala na misapi nay o,
Sanza mpe minzoto na likolo
 oyo Yo Obongisaki...
ε, YAWE Nkolo na biso, nkoombo na Yo
ezali na nkembo mingi kati na mokili
mobimba.

Motema Epetolama Liboso na Nzambe

Dictionaire Miriam Webster en Ligne elimboli "petwa" lokola 'eloko oyo esangana na eloko mosusu te, to mpe ezanga mputulu, bosoto, to mpe ibebiseli nini." Kati na Biblia, yango elakisi ete tosengeli kosala kati kati na lolenge na bulee kaka na libanda te elongo na boyebi mpe kolakisama, kasi tosengeli mpe kozala na motema bulee mpe na kosantisama.

Kati na Matai 15, na tango Yesu Azalaka kati na Galilea, balakisi mpe Bafalisai bawutaki na Yelusalema. Bakomi na Bafalisai bazalaki ba oyo balakisaki Mobeko epai na bato lokola mosala na bango, mpe bazalaki kobatela Mobeko mpenza makasi. Bazalaki mpe kobatela bkoko na bakoolo, yango ezalaki mibeko na mozindo na lolenge nini moto akoki koobatela Mobeko. Bkoko yango ekitanaki mabota na mabota.

Mpo ete bazalaki kosalela llenge monene na komikangaka mpe bazalaki kobika bomoi na acetric, bakanisaki ete bango bazalaki bulee. Kasi mitema na bango mitondisamaki na mabe. Na tango bango bazokisamaki na Liloba na Yesu, bamekaki koboma Ye.

Moko na mibeko na bakolo eye bakomi mpe Bafalisai basalaki ezalaki ete ezalaki bopet ten a kolia na maboko masokolami te.

Batunaki na Yesu, "Mpo nini bayekoli na YO bazali kobuka bokoko na bakolo?" (et. 2) Bongo Yesu Azongiseli bango ete, "Yango ekoingela na monoko ekobebisa mooto te, kasi oyo ekobima na monoko yango wana ekobebisa moto" (et. 11).

Nde oyo ekbima na monoko euti na motema; yango wana ekopesa moto mbindo. Pamba te uta na motema ekobima makanisi mabe, libomi koboma moto, ekobo, pite, boyibi, litatoli na lokuta, kotuka; ezali yango ekopesa moto mbindo. Kasi kolia na maboko masukwi te, yango ekopesa moto mbindo te (Matai 15:18-20).

Yesu Apamelaki bango na kolobaka ete bazalaki malilita mapakolami mpembe (Matai 23:27). Na Yisalele bamesanaki kosalela lilusu na mabanga lokola lilita. Na momesanoo bameseneke kopakola ekoteli na lilita na pembe.

Kasi lilita ezali esika na ebembe, mpe ata lolenge nini tokobongisa yango, kati na yango ekobi kozala na ebele na bipoli mpe etondisami na ba solo. Yesu Apimaki bakmi mpe Bafalisai na mayita mapakolami pembe pamba te bazalaki kosala lokola babulisami na libanda kasi mitema na bango mitondisamaki na mabe na lolenge na lolenge mpe masumu.

Nzambe Alingi biso tozala kitoko kaka na libanda te kasi mpe lisusu kati na motema. Yango tina Alobi été 'Mpo ete Yawe Akotalaka lokola ekotalaka moto te. Moto Akomonaka lolenge na libanda nde Yawe Akotalaka kati na motema » (1 Samuele 16 :7) na tango apakolaki Dawidi mafuta, ye moobokoli mpate, lookola mokonzi na Yisalele.

Lolenge Nini Napetlami Kati na Motema?

Na tango tozali koteya Sango Malamu, bato misusu bakolobaka ete, "Nazokisi moto moko te mpe nabikaki bomoi malamu, nde boye nakoki kokende Lola." Balingi koloba ete bakoki kokende Lola ata ski bandimeli Yesu Christu te mpo ete bazali na motema malamu mpe basalaki masumu mko te.

Kasi balma 3:10 elobi ete, "Moyengebeni azali te, ata moko te." Ata lolenge nini moto akomikanisela moyengebene mpe moto malamu, akososola na sima été ye azali na masengenia mingi mpe masumu soki akomitala ye mko kati na Liloba na Nzambe yango solo. Kasi basusu balobaka été bango bazali na lisumu moko te mpo été basalaki mot mosusu mabe kati na nzoto te. Kasi Nzambe Alobi été kozala na makanisi mabe kati na motema ezali mpe lisumu.

Alobi kati na 1 Yoane 3:15 ete, "Moto na moto oyo akoyinaka ndeko na ye azali mobomi na bato, mpe toyebi ete moto na moto ooyo akobomaka bato azali na bomoi na seko koumela kati na ye te," mpe kati na Matai 5:28, "Mpe Ngai Nazali koloba na bino ete ye nani akotala mwasi na mposa mabe na ye, asili kosala na ye ekobo na motema na ye."

Misala na Luta, Mwasi na Motema Epetolama

Luta azalaki mwasi mopagano oyo akomaki mookufeli mobali na ba mbula nan se na kozanga kozala na mwana. Alingaki soko moke te kotika mama bokilo na ye, kasi afandaki elongo na ye ata na ba tango mabe. Mama na ye bokilo azalaki na moto moko te mpona kotiela motema, kasi mpona bolamu na Luta ye alobelaki na ye ete azonga kati na libota na ye. Kasi Luta akokaki kotika mama bokilo na ye moko te.

Kasi Luta nde alobaki ete, "Bondela ngai kotika yo te, to kozanga kobila yo te. Esika ekokenda yo, ngai mpe nakokenda kuna, mpe esika ekolala yo, ngai mpe nakolala wana. Bato na yo bakozala bato na ngai, mpe Nzambe na yo Akozala Nzambe na ngai. Esika ekokufa yo ngai mpe nakokufa mpe nakokundama wana. YAWE Asalela ngai boye mpe mosusu lokola, soko eloko mosusu ekokabola kati na biso na yo, sko kufa » (Luta 1 :16-17).

Litatoli oyo na Luta ebombi mokano na ye makasi mpe bolingo kati na bomoi na ye nioso kati na mosala na mama bokilo na ye. Mboka na mama bokilo na ye ezalaki na Yisalele, esika wapi Luta ayebaki te. Bango bazalaki na ndak to mpe na eloko kuna.

Kasi ye akanisaki likolo na makambo kun ate, kasi aponaki kaka kosalela kaka mama bokilo na ye. Luta atikalaka koyeka mabe mpona kopona na ye kasi asalelaki kaka mama bokilo na ye na motema eye ekombongwanaka te.

Mpo ete Luta azalaki na motema eye epetolama, akokaki komikaba mbeka ye mpenza kati na esengo mpe kobongola motema te mpona ksalela bokilo na ye. Lokola lifuti na yango, akutanaki na mobali mozui na nkombo na Boaza oyo mpe azalaki moto malamu kolandana na bokoko na Yisalele, mpe bango bazalaki na libota na esengo. Ye akomaki nkoko na nkoko na Mokonzi Dawidi mpe nkombo na ye ekotaki ata na singa na bakoko na Yesu.

Mapamboli mpona Bapetolami Kati na Motema

Mapamboli nini bapetolami kati na motema bakozwa? Matai 5:8 elobi ete, "Mapamboli epai na bapetwi na motema pamba te bakomona Nzambe."

Ezalaka tango nioso eloko na esengo kozala na ba oyo bazali mpenza balingami na biso. Nzambe Azali Tata na milimo na biso, mpe Alingaka biso mingi koleka biso moko. Soki tokoka komona Ye elongi na elongi mpe tozala na ngambo na Ye, esengo wana ekoki te kopimama na eloko soko nini.

Basusu bakki kotuna ete, "Lolenge nini moto akka komona Nzambe?" Basambisi 13:22 eloobi ete, "Manoa alobelaki mwasi na ye ete, tokokufa solo mpo ete tosili komona Nzambe."

Yoane 1:18 elobi ete, "Moto ata moko te amoni Nzambe." Kati na bisika mingi kati na Biblia, tokoki komona ete batoo basengelaki ten a komona Nzambe mpe soko bango bamonaki, basengelaki kokufa.

Kasi Esode 33:11 elobi ete, "YAWE Asololaki na Mose boye na miso na ye, lokola moto akosolola na moninga na ye." Na tango Bayisalele bakomaki na ngomba na Sinai sima na Esode, Nzambe Akitaki nan se, mpe bango bakkkaki kopusana ten a bobangi na kokufa, kasi Mse akokaki komona Nzambe (Esode 20:18-19).

Lisusu, Genese 5:21-24 elobeli biso ete Enoka atambolaki elngo na Nzambe.

Ezalaki Enoka na mbula ntuku motoba na mitano abotaki Metusela. Enoka atambolaki na Nzambe elongo mbula nkama misato na nsima na kobotama na Metusela, mpe abotaki bana babali mpe bana basi. Bongo mikolo niso na Enoka ezalaki mbula nkama misato na ntuku motoba na mitano. Enoka atambolaki na Nzambe elongo, na nsima azalaki te mpo ete Nzambe Akamataki ye.

Kotambola elongo na Nzambe elakisi te ete Nzambe Ye moko Akitaki na nse mpe Atambolaki elongo na Enoka. Elakisi ete Enoka azalaki kosolola tango nioso elongo na Nzambe mpe Nzambe Azwaki botambwisami na makambo nioso kati na bomoi na Enoka.

Eloko moko tosengeli koyeba awa ezali ete 'kotambola elongo' mpe 'kozala elongo' mikesani mpenza mpenza. 'Nzambe kozala na biso elongo' elakisi ete Azali kobatela biso elongo na banje na Ye.

Na tango tokomeka kobika kati na Liloba, Nzambe Akobatela biso, kasi Akoki kotambola elongo na biso kaka soki tobulisami mpenza mpenza. Na boye, na komonaka ete Enoka atambolaki elngo na Nzambe mpona ba mbula nkama misato, tokoki komona lolenge nini alllingamaki na Nzambe.

Lipamboli na komona Nzambe

Boye, nini ezali tina ete bato misusu bakoki komona Nzambe ten a tango bato misusu bakomonaka Nzambe elongi na elongi mpe bakotambolaka elongo na Ye?

3 Yoane 1:11 elobi ete, "Molingami, oyokola makambo mabe te kasi makambo malamu. Ye oyo akosalaka makambo malamu azali na Nzambe. Ye oyo akosalaka mabe asili koomona Nzambe

te." Lolenge elobami, ba oyo bazali petwa kati na motema bakoki komona Nzambe, kasi ba oyo mitema na bango mizali petwa te likolo na mabe bakki kmna Nzambe te.

Tokoki kmona yango mpona makambo matali Setefano oyo akmaki mobomami na tango azalaki koteya Sango Malamu na ekeke na egelesia na ebandeli. Kati na Misala chapitre 7, tokoki komona ete Setefano azalaka koteya Sango Malamu na Yesu Christu mpe azalaki ata kobondela mpona ba oyo bazalaki kobola ye mabanga. Elakisi ete na lolenge azalaki petwa mpe azalaki na masumu kati na motema te. Yango tina akokaki koomona Nkolo oyo Atelemaki na loboko na mobali na Nzambe.

Kasi ba oyo bakokenda na Bokonzi na Liboso to mpe Bokonzi na Mibale kati na Lola bakki te koomona Nkolo na pembeni ata soki balingaki mpo ete pole na molimo eye ekongengaka kati na bango mpe na esika wapi bango bakoingela mikokesanaka kolandana na lolenge kani bango babulisami.

Lolenge Nini Kokoma Mopetwi Kati na Motema

Nzambe Bulee mpe na kokoka Alingeli biso ete tozala na kokoka mpe petwa kaka na misala te kasi mpe kati na motema na kolongolaka masumu maye matiama nan se na motema na biso.. Yango ntina Alobi ete, "Bokozala bulee mpo ete Ngai Nazali bulee" (1 Petelo 1:16), mpe "Mokano na Nzambe ezali boye ete, boobulisama ete botika makamboo na pite" (1 Batesaloniqui 4:3).

kososola makambo na bosoto kati na motema na biso na koyokaka Liloba na Nzambe, tosengeli kosala makasi mpona kolongola yango. Ya solo, kopetolama kati na motema ekoki te kokokisama na mposa mpe makasi na moto. Tokoki kososola oyo na nzela na litatoli na ntoma Paulo.

Kati na motema na ngai moto nasepeli na Mibeko na Nzambe; Kasi namoni moobeko mosusu kati na bilembo na nzoto na ngai. Mobeko yango monene ezali kobundana etumba na Mibeko milingi ngai na makanisi na ngai, ezali mpe kokanga ngai moumbo na mobeko na masumu mozali kati na bilembo na ngai. Ngai moto na mawa mingi! Nani akolongola ngai na nzoto oyo na kufa? (Balma 7: 22-24)

Awa, 'moto na kati' etalisi motema na ebandeli epesameli na Nzambe, yango ezali motema na solo, ekosepelaka na moobeko na Nzambe mpe ekolukaka Nzambe. Na loboko mosusu, ezali na motema na solo te eye elukaka kosala masumu, nde boye tokoka te kolongola masumu kaka na makasi na biso moko.

Ndakisa, tokooki komona bato oyo bakoki solo te kotika makaya mpe komela masanga. Bayebi ete makaya mpe komela ebele na masanga ezali malamu te, kasi bango bakki kotika te. Bakokamataka mikano na mbula sika mpe bamekaka kotika, kasi bakoki solo te.

Bayebi ete ezali mabe, kasi mpo ete bakolingaka yango, bakoka kotika te. Kasi, soki soki bazwi makasi na Nzambe longwa na likolo, bakoki kotika na mbala moko.

Ezali lolenge mooko na masumu mpe mabe kati na mitema na biso. 1 Timote 4:5 elobi ete, "Pamba te ebulisami bongo na nzela Liloba na Nzambe mpe na libondeli." Lolenge elobami, na tango tososoli solo na nzela na Liloba na Nzambe, mpe tozwi ngolu na Nzambe, makasi, mpe lisungi na Molimo Mosantu na nzela na mabondeli makasi, tokoka kolongola yango niso.

Mpona kosala bongo, nini tosengeli ezali makasi na biso mpe makoki na biso mpona kosalela Lilooba na Nzambe. Tosengeli ktika te sima na kosalela Liloba na mua ba tango. Soki tokobondelaka mpe na tango mosusu tokokila kino tango tokombongwana mpenza, nde wana tokoka kolongola masumu niso mpe tozala na mitema mipetoolama.

Bapetwi kati na Motema bakozwaka biyano mpe mapamboli

Mapambooli na ba oyo bapetolama kati na motema ezali kaka komona elilingi na Nzambe Tata te. Elakisi ete bakoki kozwa biyano na ba mposa na mitema na bango na nzela na mabndeli, mpe bakki kokutana mpe komona Nzambe kati na bomoi na bango.

Yelemia 29:12-13 elobi ete, "Bokobianga Ngai mpe bokokenda koboondela mpe bokokende kbondela Ngai mpe Nakoyokamela bino. Bokoluka ngai mpe bokozua Ngai wana bokoluka Ngai na motema na bino mobimba." Bakozwa biyano na Nzambe na nzela na mabondeli na bango makasi, mpo ete bakoka kozala na ebele na matatoli kati na bomoi na bango.

Kasi na ba tango misusu, tokomonaka bandimi na sika oyo bawuti kondimela Yesu Christu, mpe bakobikaka mpenza te kolandana na Liloba na solo, kasi bazwaka biyano na mabondeli na bango. Ata soki mitema na bango mipetolami naino na mobimba te, bazali kokutana mpe komna Nzambe na Bomoi.

Oyo ezali lokola likambo wapi bana mike bakosalaka likambo malamu mingi mpe baboti na bango bakopesa bango oyo elingi bango. Ata soki bakokisi naino mtema epetolama na mobimba te, na lolenge wapi bango basepelisi Nzambe kati na etape kati na kondima na bango, bakoka kozwa biyano na mabondeli na bango.

Sima na ngai kokutana na Nzambe, mpe kobikisama na ba malali na ngai nioso, mpe nazongela nzoto makasi na ngai, nazalaki koluka mosala. Kasi ata soki bapesaki na ngai condition malamu mingi, Nandimaki ata eloko moko te soki nasengelaki kobatela mokolo na Nkolo bulee te likoloo na mosala. Namekaki oyo nasengelaki mpona kolanda nzela malamu na motema petwa libooso na Nzambe.

.

Nzambe Asepelaki na motema na lolenge oyo mpe Atambwisaki ngai mpo ete natambwisa mua ndako moke na kdefisa babuku. Ezalaki kotamboola malamu, mpe nazalaki kbanza kokende na esika eleki monene. Nayokaka ete ezalaki na esika esengelaki.

Na tango nakendaki kuna, mklo na esika wana aboyaki kotia mokoloto na contrat elongo na ngai mpo ete bombongo na ye ezalaki malamu te mpo ete esika na ngai ezalaki kotambola malamu. Nasengelaki na kotika, kasi na tango na kanisaki na esika na ye, nayokaki malamu te mpona ye, mpe nabondelaki mpona lipamboli na ye longwa na motema na ngai mobimba.

Na sima, nayakki koyeba ete, ndako moko monene na ba

buku esengelaki kofungola kaka na liboso na ndako yango. Na esika wana nakkaki te kotela na ndako monene na lolenge wana. Nzambe oyo Ayebaka nioso Asalaki mpona bolamu na nioso mpe Atelemelaki contrat wana esalema.

Na sima, Nakendaki na ndako mosusu. Nandimaki te batangi na mobulu. Komela makaya mpe masanga makasi epekisamaki kati na esika na ngai. Na mokolo moko na Eyenga, na tango batangi bazalaki mingi na koleka, Nakangaki ekuke mpona kobatela Mokolo na Nkolo. Kasi, kutu, ebele na batangi babakisamaki mpe koteka emataki. Bngo moto nioso asengelaki na kondima ete ezalaki lipamboli na Nzambe.

Na bongo, na tango tozali kotambwisa bomoi na Bakristu, tokoki mpe kozwa likabo na kloba na monoko mosusu to mpe makabo misusu na Molimo Mosantu. Yango ezali na ndambo lipamboli na "komona Nzambe."

Mosusu azwi kondima kati na Molimo yango, mosusu azwi nguya na kobikisa na Molimo yango, mosusu azwi nguya na kosala bikamwiseli, mosusu mosakoli, mosusu boyebi na kokabola kati na Molimo, mosusu ndenge na ndenge na bilobeli, msusu boyebi na kolimbola bilobeli. Oyo niso ezwi nguya mpo na Molimo yango moko, oyo akokabela moto na moto yango pelamoko elingi Ye (1 Bakolinti 12:9-11).

Nini esengeli na biso kkanisa ete ezali ete soki mpenza tklingaka Nzambe, bongo tosengeli te kosepela na kndima na muana moke. Tosengeli kosala oyo esengeli na biso mpona kolongola mabe na lolenge nioso kati na motema na biso mpe tokoma noki noki babulisami mpo ete koondima na biso ekomela mpe tososola motema na Nzambe.

2 Bakoolinti 7:1 elobi ete, "Balingami awa ezali bison a bilaka oyo, tmipetola mpenza na mbindo nioso na nzoto mpe na molimo mpe tokokisa ezalali na bison a bulee kati na nsomo na Nkolo." Lolenge elobami, tika ete tolongola nioso na mbindo kati na motema mpe tkokisa kobulisama kati na biso.

Nakoolikia ete tokofulukisama kati na makambo nioso mpe tokozwa nioso tokosenga, kaka lolenge nzete eye ekonami na pembeni na mai ekokaukaka te, kasi ekobota mbuma ebele ata na tango na bokauki. Nakoolikia mpe ete tokokka komona Nzambe elongi na elongi kati na boknzi na seko na Lola.

Mapamboli Epai na Bango
Bakoyeisa Kimia,
pamba te Bakotangama Bana na Nzambe

Matai 5:9

Mapamboli epai na bang bakooyeisa kimia, pamba te bakotangama bana na Nzambe.

Na tango ba mboka mibale bazali kokabola mondelo na ekolo, ekki kozala na kowelana to mpe ata bitumba mpona kozwa lifuti na bango moko to mpe bolamu. Kasi ezali na ba mboka mibale baye bazali kokabola mondelo moko, kasi bazala na kimia mpona tango molai. Ezali Argentine mpe Chilie.

Kala kala, bazalaka na kowelana eye elingaka komema bango kati na bitumba likolo na kowelana pembeni na mondelo. Batambwisi na bonzambe na bikolo yango mibale balobaki na baton a kolobaka ete bolingo ezalaki kaka nzela eye esengelaki mpona kobatela kimia kati na ba mboka mibale. Bato bandimaki nini baloobelaki bango mpe baponaki kimia. Batongaki poste na eteni na makomoi na Baefese 2: 14 kati na Bilia été, "Pamba te Ye Azali kimia na biso ooyo Azalisi biso mibale eloko moko, mpe Abuki lopango na koyinana na katikati."

Mpona kozala na kimia kati na bikolo ezali kozala na boyokani malamu kati na bango, mpe kati na boyokani kati na moto na moto basengeli kozala na mitema miyoki malamu kati na moto mpe mosusu. Kasi limbola na molimo mpona kimia na Nzambe ekeseni mua moke. Ezali koomipesa biso mpenza mpona basusu mpe kosalela bango. Ezali komikitisa biso mpenza mpona komatisa basusu. Tokosalaka na koyina te. Ata na tango tozali malamu, tokoki kolanda mpe likanisi na moto oyo mosusu kasi te soki kaka ezali solo te.

Ezali koluka lifuti na moto nioso. Ezali koboya kobetisa sete na makanisi na biso moko, kasi komona basusu liboso. Ezali kolanda makanisi na basusu mpe kozala na koponapona te mpe kozala na boyokani na ba ngambo nioso babale kati na likambo to mpe oyo ekomi. Kozala mopesi na kimia, tosengeli komikaba biso moko. Na bongo, limbola na molimo na kimia ezali komikaba biso mpenza ata na kopesa mbeka bomoi na biso moko.

Yesu Apesaki Kimia na Komikaba Ye moko Mbeka

Na tango Nzambe Akelaka moto na liboso Adamu, ye azalaka molimoo na bomoi. Asepelaka bokonzi na koknza likolo na eloko nioso. Kasi, lokola lisumu eyaka kati na ye na koliaka mbuma epekisama na kolia, Adamu elongo na bakitani ba ye nioso bakomaka basumuki. Sasaipi ezalaki na efelo na masumu kati na moto mpe Nzambe.

Lolenge elobama kati na Bakolose 1:21 ete, "Na bino mpe, bozalaki liboso bapaya mpe bayini kati na makanisi na bino mpe na misala na bino mabe," Bato bazalaki bayini na Nzambe likolo na masumu.

Bato bakomaka basumuki longwa na tango na Adamu, mpe Yesu, Muana na Nzambe, Akomaka mboka na kosikola mpona biso. Akufaka na ekulusu mpoona kobuka lopango na masumu kati na Nzambe mpe na bato mpe Amemaki kimia.

Moto moko akoki kotuna ete, "Mpo nini bato nioso basengelaki kokoma basumuki kaka likolo na lisumu na Adamu mpo ete ye azalaki kaka moto moko?" Ezali eloko lokola na kalakala na tango baumbu bazalaka. Na tango yo okomi moumbo, bakitani bay o banso babotamaki lokola baumbo.

Baloma 6:16 elobi ete, "Boyebi te ete soko bokomipesa bino mpenza epai na moto ete bosalela ye na botosi, bozali baumbo na ye oyo bokotosaka, soko baumbo na masumu oyo ikokamba kino kufa, soko baumbo na botosi oyo ikokamba kino boyengebene?" Mpoo ete Adamu atosaki moyini zabolo mpe asumukaka, bato nioso sima na ye bakomaki basumuki.

Mpona komema kimia kati na Nzambe mpe na bato oyo bakomaki basumuki, mozangi lisumu Yesu Abakamaki na ekulusu. Bakolose 1:20 elobi ete, "Mpe mpona Ye Azongisa biloko nioso epai na Ye, awa esili Ye koyeisa kimia mpona makila na ekulusu na ye. εε, ete azongisa biloko nioso na bondeko na ye, soko biloko nan se, soko biloko na Likolo. Yesu akomaka mbeka na kosikola mpona bolimbisami na masumu na biso mpe Ye Amemaka kimia kati na Nzambe mpe bato.

Ezali yo Momemi na Kimia?

Kaka lolenge Yesu Akitaki nan se awa na mokili oyo na lolenge na moto mpe Akomaka mopesi na kimia, Nzambe Alingi ete biso tozala na kimia na moto nioso. Ya solo, na tango tondimeli Nzambe mpe toyekoli solo, na momesanoo kokubuka kimia. Kasi na lolenge biso tokozalaka na boyengebene na biso moko na kkanisaka ete tozali malamu, tokoki na bozangi koyeba kobuka kimia.

Tokoki kososola soki tozali baton a lolenge oyo na kotalaka soko tozali kosala ete makambo nioso makoka epai na basusu to mpe basusu bazali komekaka makambo nioso makoka epai na biso. Ndakisa, kati na mobali elongo na mwasi na ye, toloba ete mwasi alingaka bilei na mungwa ten a tango mobali alingaka yango.

Mwasi akolobela mobali na ye ete bilei na mungwa ezali kitoko te mpona nzoto malamu, kasi ye akokoba na kolinga bilei na mungwa. Bongo, mwasi akososola ye te. Longwa na lolenge na kotala na mobali, akoki ten a pete kobongola oyo ye alingaka.

Awa, soki mwasi azali kobetisa sete ete mobali na ye alanda toli na ye mpo ete ye azali malamu, koswana ekoki kobanda. Na bongo, mpona kozala na kimia, tosengeli kotala basusu mpe koosunga bango ete basosola mpo ete bambongwana moke moke mpona bolamu.

Na boye, na tango tokotalaka zingazinga, tokoki na pete komona ete kimia ebebisami likolo na biloko mikemike oyo. Ezali likolo na boyengebene na biso moko na kokanisaka ete tozali malamu.

Na bongo, tosengeli komitala biso mpenza na koyeba soko tozali koluka lifuti na biso moko libooso na lifuti na basusu, to mpe soko tozali komeka kobetisa sete na makanisi na biso moko mpo ete biso tozali malamu mpe tozali koloba solo, ata soki toyebi ete moto oyo mosusu azali konyokwama. Lisusu, tosengeli kotala soki tolingi bangamba na biso ete batosaka kaka mpe balandaka biso kaka mpo ete tozali baklo.

Bongo, tokoki kososola soki tozali mpenza bamemi na kimia. Na momesano, ezali pete mpona kozala na kimia elongo na ba ooyo bazali malamu epai na biso. Kasi Nzambe Alobeli na biso ete tozala na kimia na bato niso mpe kobulisama.

Luka kimia na moto nioso mpe kobulisama soko te moko te akomona Nkolo (Baebele 12:14).

Tosengeli kozala na makoki na kozala na kikia ata na ba oyo bazali kolinga bis te, koyina biso, to mpe bakomemelaka biso kokoso. Ata soki emonani ete tozali mpenza na raison, soki moto mosusu azali na mikakatano to mpe azali na kimia te likolo na biso, ezali malamu ten a miso na Nzambe. Bongo, lolenge nini tokoki kozala na kimia na bango nioso?

Zala na Kimia na Nzambe

Yambo tosengeli kozala na kimia na Nzambe.

Yisaya 59:1-2 elobi ete, "Tala lobko na YAWE ezali mkuse te ete ezanga koobikisa; litoi na ye ezali na bozito te ete ezanga koyoka. Kasi mabe na biso makaboli kati na bino mpe Nzambe na bino; mpe masumu na bino mabombeli bino elongi na Yee Ayoka te." Soki tokosalaka masumu, lopango na masumu ekopekisa bison a Nzambe.

Na bongo, mpona kozala na kimia elongo na Nzambe ezali kozanga efelo na masumu ewuti na masumu kati na Nzambe mpe biso.

Na tango tondimeli Yesu Christu, tolimbisami na masumu nioso eye tosalaki kino ngonga wana (Baefese 1:7). Mpona yango, lopango na masumu kati na Nzambe mpe biso ebebisami, mpe kimia ezongisami.

Kasi toosengeli kobatela kati na makanisi ete soki tokokoba na koosumuka sima na masumu na biso kolimbisama, lopango na masumu ekosalema lisusu.

Tokoki kososola kati na Biblia ete mikakatano na lolenge na lolenge miyaka mpona masumu. Na tango Yesu Abikisaki mokakatani kati na Matai chapitre 9, Alimbisi nain masumu. Sima na yango Abikisi moto oyo azalaki kobela mpona b ambula 38, Ye Alobaki, kati na Yoane 5 :14, été, 'Tala, osili kobika, sala lisumu lisusu te été likambo lileki mabe likeela yo te."

Na bongo, na tango totubeli masumu na biso, tolongwe mpe

tobandi kobika na Liloba na Nzambe, tokoki kozala kimia na Nzambe.

Bongo Zala na Kimia na Yo Moko

Soki tokokoba na koozala na koyina, likunia, zua mpe ba lolenge misusu na mabe, mikoningisama kolandana na likambo imonani. Bngo, tokonyokwama likolo na yango mpe tokoka te koozala na kimia.

Ezali na lisese na Baton a Coree elobaka ete, "Na tango ndeko nay o asombi mabele, okozwa libumu pasi." Yango ezali ktalisa likunia. Moto akonyokwama likolo na likunia, na koboyoka koolinga likambo esika wapi basusu bazali malamu. Na boye, soki biso tozali na likunia, zua, loolendo, koswana, makanisi na ekoobo, mpe mabe na ba lolenge misusu kati na mitema na biso, tokoka te kozala na kimia. Molimo Moosantu kati na biso ekomilela mpe lokola, bongo motema na biso ekoyoka mitungisi.

Na bongo, mpona kozala na kimia na biso moko, tosengeli kolongola mabe kati na motema na biso mpe tolanda ba mposa na Molimo Mosantu.

Na tango tondimeli Yesu Christu mpe tozali na kimia na Nzambe, Nzambe Atindaka likabo na Molimo Mosantu kati na motema na biso (Misala 2:38).

Molimo Mosantu, motema na Nzambe, etikaka biso ete tobenga Nzambe "Tata." Atikaka biso tososola likolo na masumu, boyengebene, mpe esambiseli. Bana na Nzambe bakoki bongo kobika na Liloba na Nzambe na kotambwisamaka na Molimo Mosantu.

Na tango tozali kosalela Liloba na Nzambe mpe tolandi ba mposa na Molimo Mosantu kati na lisungi oyo na Molimo Mosantu, Akosepelaka kati na motema na biso. Bongo, tokoki kozala na kosepela kati na motema na biso, mpe tokoka kozala na kimia na biso moko.

Lisusu, na lolenge tolongoli nioso na mabe kati na motema na biso, tokozala na bitumba mosusu ten a masumu, bongo tokoka kozala na kimia na solosolo na biso moko. Kaka sima na biso kozala na kimia na biso moko nde tokoka kozala na kimia na basusu mpe lokola.

Kozala na Kimia Kati na Bato

Na ba tango misusu, tokoki komona bato oyo bazali na kolinga mpe na makasi mpona mosala mopesameli bango na Nzambe. Bakoolingaka Nzambe mpe bakomipesa, kasi bazali na kimia elongo na bandeko misusu kati na kondima.

Soki bakokanisa ete ezali malamu mpna Bokonzi na Lola bakoyoka makanisi na basusu te kasi bazali kaka kokoba na molende kati na mosala na bango. Bongo, basusu bakozanga malamu mpe bakozala na koyoka lokola kotelemela bango.

Kati na likambo oyo, bato oyo bazali na kimia na basusu te bakokanisa ete ezali motuya eye basengeli na kofuta mpona bango kokokisa bokonzi na Nzambe. Bango bakolandaka mpenza te soki ezali na bato oyo bazali na likanisi ekeseni na oyo na bango to mpe bazokisaki motema na basusu mpona kotelemisa mabe kati na mitema na basusu.

Matai 12:19-20 elobi ete, "Akowelana te, akonganga te, moto akoyka mongongo na Ye kati na nzela te. Akobuka lititi litutami te, Akozimisa lotambe loziki mokemoke te ; kino ekosila Ye kosambisa- sembo."

Soki tozali na bolamu na lolenge oyo, tokoswanaka na basusu te. Tokomeka na komimatisa te to mpe kobeta tolo. Tokolinga ata ba oyo bazali na bolembu lokola lititi litutami t mabe lokola lotambe eziki mokemoke. Tokoyambaka bango na kolikiaka ete eleki malamu mpona bango.

Ndakisa, toloba ete mwana liboso azali kosomba biloko malamu mingi mpona baboti na ye kati na bolingo na ye mpona bango. Kasi soki azali kotonga bandeko na ye oyo bakoki kosala eloko na lolenge moko te, lolenge nini baboti na ye bakoka koyoka? Solo, bakolinga ete bana na bango bazala na kimia mpe bolingo esika na kozwa mabonza na motuya mpe malamu.

Na loolenge moko, Nzambe Alingi biso tososola motema na Ye mpe tokokana yambo na motema na Ye esika na kokokisa Bokonzi na Ye na monene. Soki kaka yango ezali mpenza solo te, tosengeli kotala kondima na bolembu mingi na basusu mpona kolanda kimia.

Kobanda tango na kokambaka lingomba oyo, Natikala koyoka malamu te mpona ba Pasteur oyo to mpe basali na lingomba oyo bazalaki kobota ba mboma masengela te. Natala bango na kondima mpe na koyika mpiko kino tango bango bazwaki makasi maleka kowuta epai na Nzambe mpe basala misala na bango malamu.

Soki nabetisaka kaka sete likolo na oyo na ngai, Nakokaki kopesa bango toli na kolobaka likambo lokola ete, "Mpona nini te bosala mosala mosusu, kozwaka makasi maleki na mbula ekoya, mpe na sima bokoka kozongela mosala oyo."

Kasi na bobangi ete basusu bakoki kolemba na motema, Ngai nasalaki yango te.

Na tango tozali na bolamu mpona kobuka lititi litutami te to mpe kozima lotambe liziki te, tokoki kozala na kimia na bato nioso.

Kimia na nzela na Komikaba Mbeka na Biso

Yoene 12: 24 elobi ete "Solo, solo nazali koloba na bino ete, sk mbuma na masango ekokwea na mabele mpe ekokufa te, ekotikala bobele mok mpenza; nde soko ekokufa, ekobota mbuma mingiLolenge elobami, na tango tozali komikaba mbeka biso mpenza na esika moko na moko, tokoki kozala na kimia mpe ebele na ba mbuma. Mingi mingi, na tango ba nkona ekokweya na mabele mpe ekokufa, ekoki kokola mppe kobota ebele na ba mbuma.

Nini Yesu Asalaki? Amikabaki mbeka ye mpenza. Abakamaki na ekulusu likolo na bato oyo bakomaki bango nioso basumuki. Afungolaki nzela na lobiko mpe Azongelaki ebele na kokka kotanga te na bana na Nzambe.

Na lolenge oyo, na tango tobandi liboso na komikaba mbeka, na tango tozali kosalela basusu na esika mok na moko ezala kati na libota, esika na mosala, to lingomba, bongo tokoki kozala na mbuma kitoko na kimia.

Moto na moto azali na etape ekesana kati na etape kati na kondima (Baloma 12:3). Moto na moto azali na likanisi mpe makanisi makesana. Ebele na koyekola, bizaleli, mpe makambo bakutana na yango tango bazali kokola niso mikesana, bongo bato nioso azali na etape ekesana na nini elingaka ye mpe na nini ye akanisi ete ezali malamu.

Moto nioso azali na etape ekesana, nde bngo, soki moto na moto akobetisa sete na oyo elingi ye, tokoki te kozala na kimia. Ata soki tozali malamu, mpe ata soki tokoki kozala na koyoka malamu te likolo na basusu, tobongi na komikaba mbeka mpona kimia.

Toloba ete bandeko basi babale ba oyo bakeseni mpenza na lolenge na bango na kobika bakokabolaka ndako na kolala moko.

Moklo akolingaka biloko mizala petwa, kasi oyo na leki alingaka mpenza bngo te. Mokolo akotuna leki na ye ete ambongwana. Na tango ye leki azali koyoka te mpona mbala na mbala, ye mokolo akoki kosilika. Sukasuka akotalisa yango na libanda mpe lokola.

Solo koswana ekozala.

Awa, solo kozala na ndako na kolala epetolama ezali malamu, kasi ski tozwi kanda mpe tozokisi basusu na maloba na biso, ezali malamu te. Ata soki tokoki koyoka malamu te kati na biso, tosengeli kozela kati na bolingo mpona moto yango kino tango ye akombongwana mpona kozala na kimia.

Ezalaki na moto na nkombo na Minson. Abungisaki mama na ye na tango azalaki elengi makasi. Azalaki na mama mbanda. Mama mbenda na ye azalaki na bana leki babale.

Azalaki konyokola Minson; apesaki bilei malamu mpe bilamba malamu kaka epai na bana babali babale ba ye. Minson asengelaki kolenga na tango na malili na kolataka bilamba misalema na matiti.

Na tango na mokolo na malili, na tango Minson azalaki kotindika ebaloli elanga eye tata na ye azalaki tindika, azwaki kolenga mingi mpenza nde kolenga yango ekendaki kin na ebaloleli na mabele. Tata na ye asimbaki bilamba na mwana na ye mpe ayaki na kososola ete mwana na ye azalaki kolata elamba na ba matiti.

"Lolenge kani Ye akoki kosala boye?" Azwaki nkanda makasi, mpe akomaki pembeni na kobengana mwasi na ye na sika libanda na ndako. Kasi na bongo Minson abondelaki tata na ye ete asala yango te nde été. « Tata, nasengi na yo ozwa nkanda te. Na tango mama na bango azali awa, kaka muana moko nde akonyokwama, kasi soki babwaki ye libanda bana basato bakonyokwama. »

Mama mbanda asimbamaki na oyo elobaki ye. Atubelaki na na mabe esalaki ye na main a miso mpe bango bazalaki na libota na kimia sima na yango.

Na boye, ba oyo bazali na kosokema lokola elamba mpe bazali na koswana moko te to mpe kowelana na bato misusu bakoyambama mpe bakolingama esika nioso. Baton a lolenge oy bazali bamemi na kimia. Bakoki komikaba mbeka mpona basusu ata na kpesaka bomoi na bango mbeka.

Abalayama Momemi na Kimia

Ebele na bato balingaka kozala na kimia kati na bomoi na bango, kasi bango bakoki mpenza te kosa yango. Ezali mpo ete bakolukaka lifuti na bango moko na bolamu.

Soki tkolukaka mpona biso moko te, ekoki komonaa lokola tozali kobungisa, kasi kati na miso na kondima, ezali solo te. Na tango tozali kolanda mokano na Nzambe mpona koluka bolamu na basusu, Nzambe Akufuta bison a biyano mpe na mapamboli.

Kati na Genese chapitre 13, tomni Abalayama mpe Lota

muana na ndeko na ye. Lota abungisaki tata na ye na ba mbula na bolenge kati na bomoi na ye mpe alandaka Abalayama lokola tata na ye moko. Lokola lifuti, azwaki mpe mapamboli na tango Abalayama alingamaka mpe apambolamaki epai na Nzambe. Biloko na bango mizalaki mingi. Kaka palata mpe wolo te, kasi bazalaki mpe na ebele na bangombe. Bongo, mai ekokaki te, mpe babateli mpate na ngambo nioso mibale baswanaki.

Na suka, mpna kokebisa koswana kati na mabota, Abalayama azwaki mokano na kkabola bisika na kofanda. Na tango na ye, Abalayama apesaki nzela na kpona liboso mpona kobona mabele maleki malamu.

Mokili mobimba ejali libso na yo Te? Bongo kabwana na ngai. Soko okokenda na loboko na mwasi , ngai nakokende na loboko na mobali; soko yo okokenda na loboko na mobali ngai nakokende na loboko na mwasi (Genese 13:9).

Bongo, Lota akendaki na lubwaku na Yaladene mpo ete ezalaki na ebele na mai. Na lolenge na kotala na Abalayama, Lota apambwamaki likolo na ye, mpe kati na molngo na libota, azalaki noko mpe Lota azalaki mwana nkasi, nde ye akokaki kokkamata mabele malamu moto na liboso. Lisusu, soki Abalayama atikaki makoki na kopona moto na liboso epai na Lota lokola yanngo ezalaki likambo na mpamba, alingaki kokanisa ete ezalaki likambo esengelaki te mpona Lota.

Kasi longwa na mozindo na motema na ye, Abalayama alingaki Lota mwana na ndeko na ye akamata mabele malamu. Yango tina akokaki kozala na kimia na Lota, mpe lokola lifuti, azwaki ata lipamboli na Nzambe eleki monene.

Yawe Alobelaki Abalayama ete, "Netola miso na esika ezali yo, mpe tala na epai na likolo mpe epai na ngele mpe na epai na ebimelo nan tango mpe na epai na elimwelo nan tango. Mpo ete mokili yango mokomna yo, Nakopesa nay o mpe na bana nay o seko. Mpo Nakozalisa mabota nay o lokola mputulu na mokili, boye soko moto akoki kotanga mputulu na mokili nde mabota nay o makoki kotangama. Telema, tambola na mokili epai na molai na yango mpe na monene na yango mpo ete nakopesa yango epai nay o" (Genese 13:14-17).

Wuta wana nkita na Abalayama mpe bokonzi izalaki mpenza monene ete azalaki kotosama ata epai na bakonzi zingazinga na ye. Na motema na ye malamu, akokaki ata kobengama 'moninga na Nzambe'.

Ye oyo akolukaka lifuti na baninga kati na makambo nioso akasala makambo oyo basusu balingi, kasi oyo elingi ye te. Soki abetami na litama na mobali, akobalola mpe litama na ye na mwasi. Akoki kopesa elamba na ye na libanda mpe lokola lokola elamba na ye na libanda epai na moto oyo asengi ye mpona yango, mpe ye akoki kokende nkoto mibale elongo na ye (Matai 5 :39-41).

Kimia kaka kati na Solo

Elko moko tosengeli kokeba na yango ezali ete ezali na bokeseni kati na kokanga motema mpe kozipa ba mbeba na basusu' mpona kozala na kimia mpe kaka na koboya likambo lisengeli soko te. Kozala na kimia elakisi te ete tosengeli kaka kokima to mpe komisangisa na moto na tango ndeko azali kosumuka. Tosengeli kozala na kimia elongo na moto nioso kasi tosengeli kozala na kimia kati na solo.

Ndakisa, tokoki kotunama na kongumbamela bikeko epai na bandeko kati na libota t mpe epai na baninga na esika na mosala.

Bakoki kosenga na biso ete tomela masanga. Yango ezali kotelemela Liloba na Nzambe (Esode 20 :4-5 ; Baefese 5 :18), bongo tosengeli koboya yango mpe topona nzela eye ekosepelisaka Nzambe.

Kasi na tango tokosalaka bongo, tosengeli na kokeba. Tosengeli te kozokisa mitema na basusu. Tosengeli kozala malamu epai na bango nioso na tango nioso. Tosengeli kolonga mitema na bango kati na boyengebene na biso. Bongo na sima tokoki solo kondimisa bango na motema mosokema mpe tosenga mpona bososoli na bango.

Yango ezali litatoli na moko na bandeko basi kati na lingomba na biso. Sima na ye kozwama na mosala, azalaki na mua ba kokoso na baninga na mosala na ye mpona tango moko. Balingaki ye akendeke elongo na bango na kati na ba bokutani misusu na mokolo na eyenga, kasi ye alingaki kobatela Mokolo na Nkolo Bulee.

Bongo, baninga b aye mpebakolo batikaki ye na sima na nko. Kasi ye amitungisaki mpona yango te kasi akobaki na kosala kati na bosembo, ata na koomikaba mpna misala na basali basusu. Na tango bamonaki ye kopesa malasi na lolenge oyo na Christu, batutamaki kati na mitema likolo na ye. Sasaipi, bazali na bokutani na mikolo misusu kasi na Eyenga t, mpe babongisaka ata miklo na bango na mabala na samedi, kasi na Eyenga te..

Lipamboli na Kobengama Bana na Nzambe

Matai 5:9 elobi ete, "Mapamboli epai na bango bakoyeisa kimia, pamba te bakotangama bana na Nzambe." Boni lipamboli monene ezali na kotangama muana na Nzambe?

Awa 'bana' elakisi kaka babali te, kasi bana na Nzambe nioso. Kasi yango ezali moke na bokeseni na 'bana' kati na Bagalatia 3"26 oy elobi été, "Mpo été bino nioso bozali bana na Nzambe kati na Kristu Yesu na nzela na kondima." Kati na Bagalatia ezali kaka bana nde babikisami. Kasi bana na Nzambe mpona bayeisi na kimia bazali na limbola na mozingo na molimo. Mingi mingi, ezali bana na solo oyo Nzambe Ye moko Andimaka.

.Bango nioso oyo bandimela Yesu Christu mpe bazali na kondima bazali bana na Nzambe. Yoane 1:12 elobi ete, "Kasi epai na ba oyo bayambi Ye, Apesi bango bokonzi na kozala bana na Nzambe, na baoyo bandimi na nkombo na Ye." Kasi ata soki biso nioso tobikisama mpe tokomi bana na Nzambe, bandimi nioso bazali lolenge moko te.

Ndakisa, kati na ebele na bana, ezali na basusu oyo basosoli mitema na baboti mpe bakopesa bango bolamu, na tango basusu bakoopesaka kaka pasi epai na baboti na bango.

Na lolenge oyo, ata na miso na Nzambe, bana misusu nokinoki bakolongolaka mabe kati na mitema na bango mpe bakotosa lilooba, na tango bana misusu, na tango bana basusu bazali kombongwana tea ta sima na tango molayi mpenza. Bakokobaka kaka na koboya kotosa.

Awa, mwana nini Nzambe Akondima lokola malamu na koleka? Solo ezali ye oyo akokani na Nkolo, bazali na motema epetolama, mpe bakotosaka Liloba. Bongo, Genese 17:1 elobi ete,

"Ngai Nazali Nzambe na Nguya Nioso; Tambola liboso na Ngai na Boyengebene." Nzambe Alingi ete bana ba Ye bazala na mbeba moko te.

Mpona biso kobengama bana na Nzambe, tosengeli kokokana na elilingi na Yesu Mobikisi na biso (Baloma 6:29). Jesu, Muana na Nzambe, Akomaki moyeisi na kimia na komikaba mbeka Ye mpenza ata kino na kobakama na ekulusu.

Na boye, na tango tokokani na Yesu na komikaba biso moko mpe na kolanda kimia tokoki kobengama bana na Nzambe. Tokoki mpe bongo, kosepela bkonzi mpe nguya eye Yesu Asepelaka (Matai 10:1).

Kaka na lolenge Yesu Abikisaki ebele na ba malali, Abimisaki milimo mabe, mpe Asekwisaki bakufi, soki tobengami bana na Nzambe bongo mpe tokoki kobikisa at aba bokono ezanga loobiko lokola cancer, SIDA, mpe leukemia.

Lisusu, ata bakakatani, bakufi miso, bakufi, bakufa matoi, mpe ba oyo elongo na bukabuka na bana bakoki kokoma malamu. Miso na bango mikoya na komona,, bakbanda kotambola, mpe ata bakufi bakozongisama na bomoi.

Moyini zabolo akobanga mpe akolenga, nde ba oyo bakangami na milimo mabe to mpe ba nguya na molili bakosikolama (Malako 16:17-18). Ekozala na komonana na misala na lobiko kokende likolo na bosuki na esika mpe tango. Misala na kokamwisa mpe mikoki na kosalema na nzela na biloko oyo tozali na yango lokola matambala na lolenge na ntoma Paulo (Misala 19:11-12).

Lisusu, kaka lolenge Yesu Akitisaki mopepe makasi mpe ba mbonge, tokokoka komema mbongwana kati na lolenge na tango (Matai 8-26-27). Mbula ekkata, mpe tokoki ata kombongola nzela na typhon to mpe na mopepe makasi mingi mpenza to mpe kolimwisa yango. Tokki ata komona minana na mokolo malamu mingi.

Lisusu soki tobengami bana na Nzambe, tokokota Yelusaleme na Sika esika wapi Ngwende na Nzambe ezali. Kuna tkki kosepela nkembo mpe lokumu lookola ban a na e na solosolo. Soki tozali na kndima na kobikisama, tokokota kati na Paradiso, kasi soki tokomi bana na solo ba oyo babiangami bana na Nzambe, tokoka kokota kati na Yelusaleme na Sika, esika eleki kitoko mpona koingela kati na Bokonzi na Likolo.

Boni monene lokumu mpe nkembo ezali mpona muana mokonzi oyo akozwa ngwende? Mpe soki tokokani na Nzambe oyo Azali motambwisi na makambo nioso mpe tobiangami bana na Nzambe, lokumu na biso mpe bokonzi ekozala monene mingi! Tokotambwisama na mapinga na Lola mpe banje, mpe tkokumisama epai na bato ebele kati na bokonzi na Lola mpona libela.

Na koleka, tokosepela lolenge nioso na biloko kitoko mpe bandako minene mpe na bonzenga kati na Yelusaleme na Sika kitoko. Tokbika mpona libela kati na esengo eye ezanga suka.

Na bongo, tokokamata ekulusu na biso moko mpe tokokoma bayeisi na kimia na motema na Nkolo oyo Amikaba Ye moko kino na esika na komikaba mbeka, mpo ete tokoka kozwa bolingo monene na Nzambe mpe mapamboli.

Mapamboli na Bango Bakozua Minyoko mpo na Boyengebene, pamba te Bokonzi na Likolo Ezali mpona Bango

Matai 5:10

Mapamboli epai na bango bakozwa minyoko mpo na boyengebene, pamba te Bokonzi na Likolo ezali na

"Ndimela Yesu Christu mpe okozwa Lobiko."

"Bokoki kozwa mapamboli kati na makambo nioso na kondimelaka Nzambe na Nguya Nioso."

Na momesano bateyi balobaka ete na tango tondimeli Yesu Christu, tokoki kozwa lobiko mpe mapamboli kati na makambo nioso, mpe tokoki kofuluka kati na bomoi na bison a kozwaka biyano kati na makambo nioso matali bomoi.

Kati na lingomba na biso moko tozali kopesa nkembo epai na Nzambe na ebele na matatoli mposo nioso.

Kasi Biblia elobelo na biso mpe ete minyoko mikozala mpe na ba kokoso na tango tondimeli Yesu Christu. Tokozwa mapamboli na bomoi na seko mpe mapamboli kati na mokili oyo na lolenge eye totiki mpe tomikabi biso mpenza mbeka mpona Nkolo, nde wana mpe tokozwa minyokoli mpe lokola (Bafilipi 1:29).

Nazali koloba na bino solo ete, soko moto nani atiki ndako soko bandeko mibali soko bandeko basi soko mama soko tata soko banasoko bilanga, mpo na Ngai mpe mpona Sango Malamu, moto yango akozua nan tango oyo ndako mpe bandeko mibali mpe bandeko basi mpe bamama mpe bana mpe bilanga mbala mokama na minyoko lokola, mpe na ekeke ekoya akozua bomoi na seko {Malako 10:29-30).

Konykolama Mpona Boyengebene

Nini yango elakisi konyokolama mpona boyengebene? Ezali minyokoli eye tokutanaka na yango na tango tobiki kati na

Liloba na Nzambe na koolandaka solo, bolamu, mpe pole.

Ya solo, tosengeli te kokutana na minyokoli soki kaka tokomisangisa mpe tobiki bomoi esengela te kati na Bokristu. Kasi 2 Timoote 3:12 elobi ete, "εε, bango nioso bazali na mposa na ezaleli na ksambela kati na Kristu Yesu bakonyokolama." Soki tokolanda Liloba na Nzambe, tokki kokutana na mikakatano to mpe kozwa minyokoli mpona ntina moko te.

Ndakisa, na tango tondimelaki te kati na Nkolo, tosengelaki na komelaka mpe kosalelaka maloba na kokotela bato mpe na kotalisa bizaleli makasi. Kasi sima na kozwa ngolu na Nzambe, tokomeka kotika

Na oy etali ngai mpe liboso na ngai kondimela Nkolo, nazalaki na ebele na baninga oyo bazalaki komela na ngai elongo. Lisusu, na tango bandeko na libota bazalaki kosangana tokomela mingi na bango. Kasi sima na ngai kondimela Nkolo, nasosolaka, kati na mayangani na bolamuki, mookanoo na Nzambe koloba na biso été tolangwaka te, nde natikaki na mbala moko komela masanga.

Napesaki masanga moko na kolangwisa epai na bandeko babali na ngai te, to mpe na bandeko misusu to mpe na baninga. Bongo bango bazalaki koyimayima na ntina na ngai été Nazalaki kosalela bango lolenge esengelaki te.

Lisusu, sima na biso kondimela Nkolo mpe na kobatela mokolo na Nkolo bulee, tokoki na ba tango misusu kokota na bokutani kati na bisika na biso na mosala te to na bakutani misusu. Kati na libota oyo batikala koteyama Sango Malamu te tokoki ata kokutana na knyokolama mpo été tokofukama liboso na bikeko te.

Mabe Eyinaka Pole

Bongo, mpona nini tokonyokwama na tango tondimeli Nkolo? Yango ezali lolenge moko mpona mafuta mpe mai esanganaka te. Nzambe Azali pole mpe ba oyo bandimeli Nkolo mpe babiki kati na Liloba nan a molimo bango bazali na Pole (1 Yoane 1:5). Kasi mokonzi na mokili oyo ezali moyini zabolo mpe Satana, mokonzi na molili (Baefese 6:12).

Na bongo, kaka lolenge molili ekolongwa esika ezali na pole, na tango ebele na bandimi oyo bazali lokola pole emati, nguya na kokonza na moyini zabolo mpe Satana ekokita. Moyini zabolo mpe Satana azali kokonza baton a mokili ba oyo bazali na bango. Bakoningisa bango mpona konyokola bandimi mpo ete bazala lisusu bandimi te.

Pamba te moto na moto oyo azali kosalaka na yauli ayini pole mpe akoyoka epai na pole te ete misala na ye miyebisana te. Nde ye oyo azali kosalaka sembo akoyaka epai na pole ete misala na ye mimonisama ete misalami kati na Nzambe (Yoane 3:20-21).

Ba oyo bazali na mitema malamu bakoki kosimbama mpe kondima sango malamu na tango bamoni basusu bazali kobika kolandana na Liloba na Nzambe kati na boyengebene. Kasi ba oyo bazali mabe bakokanisa na likambo na lolenge oyo lokola liboma. Bakoyinaka yango mpe bakonyokola bandimi likolo na yango.

Basusu bakomeka kondimisa mayele na bango malamu te epai na bandimi. Bakolobaka ete, "Bongo yo osengeli kozala mosambeli makasi boye? Ezali na bato oyo bakli kati na mabota na bakristu. Basusu kati na bango bazali bampaka kati na lingomba, kasi bakobi na komela masanga." Kasi bana na Nzambe basengeli te kosala na lolenge oyo na bozangi sembo eye Nzambe Ayinaka kaka mpo ete baninga na mosala na bango, bandeko mpe baninga bazokisi mitema na bango na tango moke.

Nzambe Apesa Muana na Ye se moko mpona biso oyo tozalaki basumuki. Yesu amemaki koosekama na lolenge nioso mpe minyokoli, mpe suka suka Akufaki lna ekulusu na komemaka masumu na biso. Soki tokokanisaka mpona bolingo oyo, tokoki te komisangisa na mokili nan se na minyokoli na lolenge nioso kaka mpona malamu na ngonga moko.

Likambo na Konyokolama Mpona Boyengebene

Na mbula 650 Liboso na Christu, na kokotelama na Nabukadenasela na Babilone, Shadraka, Meshaka, mpe na Abede Nego bakomaki bakangami elongo na Daniele. Ata kati na bokoko na bapaya eye ezalaki na kontondisama na bikeko, bango babatelaki bobangi na bango mpe kondima kati na Nzambe.

Mokolo moko, bakutanaki na likambo lileki pasi. Mokonzi na mboka asalaki ekeko na wolo mpe asalaki ete moto nioso kati na mboka angumbama liboso na yango. Soki nani nani aboyaki kotosa motindo na mokonzi, akobwakama kati na litumbu na moto kongala makasi.

Sharaka, meshaka, mpe Abede nego bakokaki na bopete kokima mobulu nini kaka na kongumbama na mbala moko, kasi bango batikala kongumbamela yango te.

Ezali mpo ete Esode 20:4-5 elobi ete, "Okosala ekeko mpona yo te, soko elilingi na elooko na lola na likolo te, na mokili nan se te, to na main a nse na mokili te. Okongumbamela yango te to kosalela yango te mpo été Ngai YAWE Nzambe na yo Nazali Nzambe na zua na kobatela, mpe na kokitisa mabe na batata na likolo na bana kino libota na misato mpe na minei na baoyo bakoyinaka Ngai."

Sukasuka basengelaki kpbwaka kati na moto na litumbu kongala makasi baninga basato na Daniele. Lolenge nini litatoli na bango etutisaki mitema ete,

Soki ezali boye mbe Nzambe na biso, oyo biso tosaleli Ye, Ayebi kobikisa bison a litumbu na moto kongala mpe Akobikisa bison a loboko na yo. Ɛ mokonzi, oyeba ete ata boye te, biso tokosalela ba Nzambe nay o te mpe tokosambela elilingi na wolo oyo otelemisaki te. (Daniele 3:17-18).

Ata na esika wapi bomoi ezwi moonyko, batikala na kmisangisa te mpona kobatela kondima na bango. Nzambe Amonaki kondima na bango mpe Abikisaki bango na moto na litumbu koongala makasi.

Konyokolama Likolo na Masengenya na Moto Ye Moko

Likambo moko tokoki na kobanza awa ezali ete ezali na makambo mingi esika wapi bango banyokolami likolo na masengenya na bango moko esika na konyokolama liklo na boyengebene lokola baninga basato na Daniele.

Ndakisa, ezali na bandimi misusu oyo bakokokisaka misala na bango nioso ten a kolobaka ete bazali kosala misala na Nzambe. Soki batangi bazali kotanga te mpe soki basali kati na ndako bakolandela mosala kati na ndako te mpona komitika kati na mosala kati na lingomba, bakonyokolama epai na bandeko na na mabota na bango. Ntina na konykolama ezali ete bango bazali kozongisa sima kelasi na bango to mpe misala na bango kati na ndako. Kasi bango basosoli mabe ete banyokolami mpona kosalaka mosala na Nkolo.

Mondimi akoki kozala moto na mosala makasi kati na esika na mosala na ye, mpe ye akomeka komema mosala na ye moko epai na moto mosusu na komilongisaka lokola mpona misala na lingomba. Bongo, ye akokebisama to mpe kopamelama kati na esika na ye na mosala. Yango ezali konyokolama mpona boyengebene te.

Bongo 1 Petelo 2:19-20 elobi ete, "Mpo ete ezali malamu soko moto akoyikaka mpiko kati na mpasi oyo eyokisi bango ye bbele mpamba, awa ezali Nzambe kati na makanisi. Soko bokoyikaka mpiko wana ekosalaka bino malamu mpe ekoyokaka bino mpasi mpo na yango, bongo ezali malamu na miso na Nzambe."

Mapamboli Epai na Ba Oyo Banyokolami Mpona Boyengebene

Matai 5:10 elobi ete, "Mapamboli epai na bango bakozwa

minyoko mpona boyengebene, pamba te bokonzi na likolo ezali mpona bango." Mpo nini Biblia elobi ete bapambolama? Minyokoli eye moto akozwaka likolo na mabe to mpe kobuka mobeko ekoki te komnana lokola mapamboli to mpe mabonza. Kasi konyokolama mpona ntina na boyengebene ezali lipamboli mpo ete ye oyo azwi minyokoli na lolenge oyo akoki kozwa Bokonzi na Likolo.

Lolenge mabele ekomaka makasi sima na mbula, sima na koleka na nzela na minyokoli, motema na biso ekozala makasi na koleka mpe na kokoka eleka. Tokoka komona solo te oyo biso tozangaki koyeba na liboso mpe kolongola yango. Tokoki kozwa kosokema mpe kimia mpe tokokana na motema na nkolo mpona kolinga ata bayini na biso.

Liboso, soki tobetamaki na litama moko tokozwaka nkamda mpe tokosengela na kozongisa. Kasi na nzela na minyokoli, toyei na koyekola likolo mosala mpe bolingo mpo ete tokoki aik'awa ata kopesa litama mosusu.

Lisusu, ba oyo bamesana kokoma baton a mawa mpe komilelalela na tango bakutani na bakokoso bakoki kozala kondima makasi na nzela na minyokoli. Bazali sasaipi na elikia mpona Bokonzi na Likolo mpe bazali kopesa matondi mpe na esengo kati na likambo na lolenge nioso.

Tika ngai Nabetela bino lislo ya solo kati na bomoi. Moko na bandeko na lingomba na biso azalaki na mikakatano na moninga na ye kati na mosala na ye kaka mpona makambo nioso. Moto yango akokosela mondimi yango mpona ntina moko te. Misala na ye mizangaki bomoto, mpe mondimi oyo asengelaki konyokwama mingi likolo na yango.

Bato misusu bamesene kolobaka été ye azalaki moto malamu, kasi na nzela na likambo oyo mondimi amonaki été ye azalaki mpe na koyina kati na motema na ye. Azwaki mokano na koyamba ata moninga na ye oyo kati na motema na ye mpo été Nzambe Alobi na biso été tolinga ata bayini na biso. Abanzaki nini moto oyo alingaki mpe tango na tango apesaki yango epai na ye.

Lisusu, lokola azalaki kobondela mpona moto oyo, azwaki bolingo na solo mpona ye, mpe boyokani na bango ekomaki makasi mpe na bokamarade koleka mosali nioso kati na mosala.

Bongo Nzembo 119:71 elobi ete, "Malamu na ngai ete nayokaki mpasi, mpamba te nayekolaki mibeko na Yo." Na nzela na minyoko na lolenge eye tokoyaka na komikitisa na koleka. Tokolongolaka masumu mpe mabe na komitikaka epai na Nkolo mpe tobulisama. Na tango minyokoli mikolimwa na yango moko.

Soki tonyokolami mpona boyengebene, kondima nab is ikokola. Bongo, tokotosama epai na basusu pembeni na biso mpe lisusu tokozwa mapamboli na molimo mpe na biloko eye Nzambe Akopesaka na biso.

Lisusu, na lolenge oyo tokokisi boyengebene kati na biso, tokoki kokoba kati na bisika mileki malamu kati na Bokonzi na Lola. Bongo lipamboli monene nini yango ezali!

Bisika na Koyingela Kati na Lola mpe ba Nkembo Mikesana

Bongo, nini ezali bokeseni kati na Lola eye ba oyo bazali

babola kati na motema bakozwaka mpe lola eye ba oyo banyokolami mpona boyengebene bazali na yango? Na solo ezali na bokeseni monene.

Ya liboso ezali Lola kati na limbola eye moto nioso oyo abikisami akoki kokende kuna. Kasi oyo na sima ezali elakisi ete tokokende kati na esika malamu na koingela kati na Lola na lolenge oyo tonyokolami mpona kosalaka kati na boyengebene.

Na lolenge biso tokokisi boyengebene mpe tokomi bana na solo ba oyo Nzambe Alingi, mpe kolandana na boni malamu tokokisi misala na biso, bisika na kofanda mpe mabonza kati na lola ekokesanaka.

Yoane 14:2 elobi ete, "Na ndako na Tata na Ngai, bifandelo bizali mingi. Sok bongo te, mbe nasili koloba na bino ; pamba te Nakokenda kobongisela bino esika."

Lisusu, 1 Bakolinti 15 :41 elobi été, " Nkembo na moi ezali na motindo moko, mpe nkembo na sanza ezali na motindo mosusu, mpe nkembo na minzoto na motind mosusu ; mpo été monzoto na monzoto na likolo ekeseni na nkembo." Tokoki komona été bisika na kofanda mpe nkembo tokozala na yango kati na Lola ikokesana kolandana na boyengebeni na lolenge nini tokokisi.

Baboola kati na motema bazali ba oyo bandimeli Nklo mpe bazwi makoki na kokota kati na Bononzi na Lola.

Na wana nde, bakoki kokoma basokemi mpe bazala na mitema mipetolama na kolelaka mpe na kotubelaka na masumu na bango mpona kolongola yango. Basengeli kokoba na kokola kati na kondima na bango na kokobaka na kolandaka boyengebene.

Mingi mingi kaka ba oyo basosoli mabe kati na bango,

balongoli yango mpe babulisami na nzela na minyokoli mpe mimekano bakoki kokota kati na bisika mileki malamu kati na Lola mpe lisusu bamona Nzambe Tata.

Konyokolama Mpona Nkolo

Na lolenge eye tokokisi boyengebene, konyokolama ekolimwa. Lolenge kondima na biso ekokola mpe tokobi na kokoma na kokoka, tokotosama epai na bato zingazinga na biso. Lisusu, tokoka mpe kozwa mapamboli na molimo mpe na mosuni kowuta na Nzambe.

Tokoki komona yango mpona oyo etali baninga basato na Daniele. Banyokolamaki mpo ete bango bakangamaki na boyyengebene mpona Nzambe. Babwakamaki kati na litumbu na moto kongala eye ezalaki mbala sambo na moto koleka, kasi Nzambe Abatelaki bango. Suki moko ten a moto na bango ezikaki.

Na komonaka mosala oyo na Nzambe, mokonzi apesaki mpe nkembo epai na Nzambe na Nguya Nioso. Atmbolaki mpe bango basato.

Kasi elakisi te ete minyokoli nioso mikolongwaka kaka mpo ete tokokisi boyengebene na mobimba na kosalelaka Liloba na Nzambe. Ezali mpe na minyokoli eye basali na Nkolo bakolekelaka mpona Bokonzi na Nzambe.

Mapamboli epai na bino wana bakotuka bino mpe bakonyokola bino mpe bakolobela bino mabe nioso mpo na Ngai. Bosepela mpe boyoka esengo pamba te libonza na bino ezali monene kati na Lola; Mpo banyokolaki bongo basakoli baoyo bazalaki liboso na bino (Matai 5:11-12).

Ebele na batata kati na kondima na kolinga bazwaki minyokoli mpona kokokisa mokano na Nzambe. Na yambo, Yesu Azalaki na lolenge na Nzambe. Azali na mbeba moko te mpe na likambo moko te, kasi Azwaki etumbu na basumuki. Mpona kokokisa mokano na lobiko. Abetamaki fimbo mpe Abakamaki na ekulusu kati na kosekama na lolenge nioso mpe na kotiolama.

Ntoma Paulo

Tika ete totala likambo na ntoma Paulo. Paulo atiaka moboko na mosala na sango Malamu o mokili mobimba na koteyaka sango malamu epai na bapagano. Yango ezalaki likambo na peteb te. Tokoki koomona boni pasi ezalaki kati na litatoli na ye.

Bango basali na Kristu? Ngai naleki (Nazali koloba lokola moto na liboma!). Naleki na misala makasi, na kokangama minyololo, na kobetama fimbo mbala mingi mpenza, na kobelema na kufa mbala na mbala, mbala mitano epaii na Bayuda nazui fimbo ntuku minei lngola moko. Nabetami na mangenda mbala misato, nabwakelami mabanga mbala moko. Mbala misatomasua na ngai ezindi na mai; naumeli mi mpe butu moko kati na main a monana; na mibembo mbala mingi, na makama na bibale na makama mpo na babotoli, na makama mpo na baton a libota na ngai, na makama mpo na bapagano, na makama kati na mboka, na makama kati na lisobe, na makama kati na main a monana, na makama mpo na bandeko na lokuta; na mosala makasi mpe na mpasi, nab utu mingi izangi mpongi, na nzala mpe na kozanga mai, kozanga bilei mbala mingi, na mpio mpe na bolumbu (2 Bakolinti 11: 23-27).

Ezalaki na bato oyo balingaki ata kolia eloko moko te kino tango bakobomaka Paulo. Tokoki kobanza boni pasi monene ye alekelaki (Misala 23:12). Kasi ata likambo yango ezalaki lolenge nini mpo ete anyokolama, ntoma Paulo azalaki kaka na esengo mpe na kopesaka matondi mpo ete azalaki na elikia mpo na Bokonzi na Likolo.

Azalaki sembo mpona Bokonzi na Likolo mpe boyengebene na yango ata soki kufa, na koboyaka ata na kobomba bomi na ye (2 Timote 4:7-8).

Ezali te ete bato na Nzambe bazali konyokwama mpo été bazali na nguya te. Na tango Yesu Azalaki na ekulusu, soki alingaki kaka akokaki kobenga banje na ban koto zomi na mibale mpe Abebisa bato nioso na mabe wana (Matai 26 :53).

Mose elongo na Ntoma Paulo bazalaki na nguya wana monene nde bato bamonaki bango lokola ba nzambe (Esode 7 :1, Misala 14 :8-11). Na tango bato bazwaki matambala to mpe bamisuale oy etutaki nzoto na Paulo babeli, ba bokono ilongwaki bango mpe milimo mabe milongoolamaki na bango (Misala 19 :12).

Kasi mpo été bayebaki été mokano na Nzambe ekokokisama makasi na koleka na nzela na minyoko, balukaki kokima minyoko te kasi bandimaki yango na esengo. Bateyaki mokano na Nzambe na motema kopela moto mpe basalaki nini Nzambe Asengaki na bango basala.

Libonza Monene Na Tango Tokosepelaka mpe Tokozala na Sai

Tina wapi tokki kosepela mpe kozala na sai na tango tonyokolama mpona Nkombo na Nkolo ezali mpo ete monene libonza na biso ekozala kati na Bokonzi na Lola (Matai 5:11-12).

Kati na ba ministre na bosembo na tango na kala, ezalaki na basusu oyo bazalaki koluka na kopesa bomoi na mbako mbeka mpona mokonzi na mboka. Mokonzi akobakisa nkembo eleki mpe lokumu mpona bosembo na bango. Soki ministre akufaki, mokonzi akopesa makabo epai na ban aba ye.

Lolenge elobami kati na Yoane 15:13, "Moto te azali na bolingo boleki oyo ete moto asopa bomoi na ye mpo na baninga na ye." Batalisaki bolingo na bango mpona mokonzi na bango na kopesa mbeka bomoi na bango.

Soki tonyokolami mpe tokabi ata bomoi na biso mpona Nkolo, lolenge nini Nzambe, oyo Azali mokonzi na biloko nioso, Atika kaka makambo masala na lolenge mizali? Akosopela na bison a ebele na mapamboli na Lola.

Akoopesa na biso bisika mileki kitoko kati na Boknzi na Lola. Ba oyo bazali babomami mpona Nkolo bakondimama mpona motema na bango eye elingaka Nkolo. Bakokende ata kati na Bokonzi na Misato na lola to mpe ata na Yelusaleme na Sika.

Ata soki tobulisami na mobimba te, soki tokoki kokaba mbeka ba bomi na biso mpona kokoma babomami, elakisi ete tokoki kokoma babulisami na mobimba, soki tango mosusu epesamelaki biso.

Ntoma Paulo anyokwamaki mingi mpenza mpe apesaki ata

bomoi na ye mbeka mpona Nkolo. Akokaki kosolola malamu mpenza elongo na Nzambe mpe akutana na mingi na makambo na molimo na Lola. Mpo ete ye amonaki Paradiso, atatolaki ete, "Nabanzi ete mpasi nan tango oyo ekoki kopimama ten a nkembo elingi komonana kati na biso." (Baloma 8:18).

Ye atatolaki mpe kati na 2 Timote 4:7-8 ete, "Nasili kobunda etumba malamu, nasililisi nzela na kotambla, nasili kobatela kondimana, Longwa na sasaipi montole na boyengebene ebombami mpo na ngai, oyo Nkolo, Mosambisi na sembo, Akopesa ngai na mokolo yango,"

Nzambe Abosanaka te bosembo mpe makasi na ba oyo banyokolami mpe bakomi ata babomami mpona Nkolo. Afutaka minyokoli na lolenge oyo na lokumu mileka mpe na mabonza. Lolenge ntoma Paulo atatoli, ekozala na mabonza na kokamwisa mpe nkembo eye ezali kozela.

Ata soki tobungisi bomoi na bison a mosuni te, makambo maso eye tozali kosala mpona Nkolo na motema na babomami mpe na minyokoli nioso eye tozali kolekela mpona Nkolo ekofutama lokola mabonza mpe mapamboli.

Lisusu, na ba oyo bazali kosepela mpe bazali na sai ata ski banyokolami mpona Nkolo, Nzambe Akoyanola na ba mposa na mitema na bango mpe kotndisa bosenga na bango mpona kolakisa elembo ete Nzambe Azali elongo na bango. Na lolenge bango bakolonga minyoko, komndima na bango ikozala monene na koleka; bongo bakozwa nguya eleki monene mpe bokonzi, bakosololaka elongo na Nzambe na malamu na koleka mpe bakokoka kotalisa misala mileki minene na nguya na Nzambe.

Kasi na solo, mpona ba oyo bakabi ba bomoi na bango mbeka

mpona Nkolo balandaka te soki bazwi eloko moko te kati na mokili oyo. Bakoki kosepela ata na mingi koleka mpo ete eloko moko te ekoki kopimama na mapamboli na Lola mpe na mabonza eye bango bakozwa na sima.

Mapamboli Mpona ba Oyo Bazali Komikotisa Kati na Ba Pasi na Nkolo

Tosengeli kobanza likambo moko lisusu. Na tango moto na Nzambe azali konyokwama mpona Nkolo, ba oyo bazali elongo na ye bakozwa mpe mapamboli.

Na tango Dawidi azalaki kolandama mpona lisumu na ye epai na mwana na ye Abasoloma, ba oyo bazalaki na bosolo bayebaki ete Dawidi azalaki moto na Nzambe. Ata ski bomoi na bango elandamaki bakobaki kofanda na ye elongo. Sukasuka, na tango Dawidi azwaki lisusu ngolu na Nzambe, bakokaki kozwa ngolu na Nzambe na ye elongo.

Oyo ezali mokano na Nzambe ete na tango moto na nzambe azali konykwama mpona nkombo na Nkolo, ba oyo bazali na ye elongo na motema na solo bakosangana mpe kati na nkembo na ye na sima. Yesu mpe Alobaki na bayekoli na Ye likolo na mabonza na Lola bango bakozwa mpona kopesa bango elikya.

Nde bino bat bosili koumela na Ngai elongo kati na makambo na Ngai, na mpasi. Pelamoko Tata na Ngai Apesaki Ngai bokonzi, Ngai mpe Napesi na bino bokonzi na kolia mpe komela na mesa na Ngai kati na Bokonzi na Ngai, mpe bakofanda na kiti na bokonzi mpe bakosambisa mabota zomi na mibale na Yisalele.

Lingomba na biso mpe Ngai tosengelaki kokota kati na ebele na minyoko kati na kokisa Bokoni na Nzambe. Mpo ete toyebaki ete ezalaki mokano na Nzambe, toteyaki likolo na makambo na mozindo na molimo, na koyebaka ete ekomema mpe konykolama mpona biso.

Kokende na nzela na ebele na ba kokoso eye moto akoki mpenza te kondima, totikaki makambo nioso kati na maboko na Nzambe kaka na mabondeli mpe na kokilaka. Bongo, Nzambe Apesaki na biso nguya monene koleka lokola elembo ete Azalaki na biso elongo. Atikaki biso totalisa ebele na bilembo mpe bikamwiseli. Kaka ebele na ba bokono mibikisamaki te kasi mpe mikakatani lokola bukabuka na bana, bokufi miso mpe na matoyi, to mpe biteni na ba nzoto iye mizalaki na bolembu loongwa mbotama mikomisamaki malamu.

Lisusu, tokokaki komema mikama na ba nkoto na mpe at aba mili na baton a ngambo na Nkolo na nzela na ba champagne na ba mbooka mingi. Moko na ba champagne mana ikangaki miso na bato kati na mokili mobimba lokola yango elobamaki na CNN (Reseaux na Basango na Mokili Mobimba).

Na 2005, GCN (Reseau Mondle Chretien) TV etiamaki mpe ebandaki kolakisa 24 hr na mokolo kolakisaka na New York City mpe na New Jersey. Kaka na mbula 1 wuta kobandisama, Nzambe apambolaki na lolenge eye moto nioso akoki kotala yango esika nioso kati na mokili mbimba na nzela na satellite.

Mingimingi, kati na Croisade na New York City, croisade elakisamaki na bikolo koleka 200 kati na mokili na nzela na Balakisi ebele na Bakristu lokola GCN, Cosmovision, GloryStar Reseau, mpe TV Daystar.

Na sima na nkembo na lolenge oyo esika wapi mabondeli na mpinzoli na bandimi na lingomba. Ebele na bandimi na lingomba babatelaki yango kati na mabondeli mpe kokila bilei na tango lingomba ezalaki kati na makambo na pasi.

Ba oyo basanganaki kati na minyoko elongo na Nkolo bazalaki na elikia eleki makasi mpona Bokonzi na Likolo. Bakolaki na mpona kozala na kondima makasi mpe na molimo. Makamba mana nioso mipesamaki epai na bango lokola mapamboli. Mabota na bango, bisika na bango na misala, mpe bombongo mipambolamaki.

Na boye ba oyo bazali na sima na lipamboli na solo bakookakak kosepela mpe na kozala na sai kati na mitema na bango na tango bango banyokoolami mpona Nkolo. Ezali mpo ete bakotala liboso na mapamboli na seko eye bango bakozwa kati na Bokonzi na Likolo.

Ye Oyo Azali Kolanda Lipamboli na Solo

Lipambli na miso na Nzambe ezali na bokeseni mingi na mapamboli eye baton a mokili bakokanisaka mpona lipamboli.

Bato mingi bakanisaka ete kozala na bozwi ezali lipamboli. Kasi, Nzambe Alobi ete babola kati na motema bapambolama. Bato bakanisaka ete kozala tango nioso na esengo ezali lipamboli. Kasi, Nzambe Alobi ete ba oyo bazali kolela bapambolama. Nzambe Alobaka ete ba oyo bazali na nzala mpe na mposa na komela mpona boyengebene mpe bazali na bopolo bapambolama.

Baton a esengo ezali na na ba nzela na solo mpe na

mapamboli mpona kozwa Bokonzi na Lola na motema eye ezali mobola mpe na kokokana na motema na Nzambe na nzela na minyokoli.

Yango, soki totsi Liloba na Nzambe, tookokoka kolongola mabe na lolenge nioso mpe totondisa mitema na bison a solo. Tokokoka kozongela elilingi na bopolo mpe na bulee na Nzambe mpe na kosepelisa Nzambe. Yango ezali nzela na kkma moto na kondima mpe moto na molimo na kokoka.

Moto na lolenge oyo azali lokola nzete elonami pembeni na ebale. Ba nzete milonami pembeni na ebale mizwaka mai malamu na tango nioso. Ata na moklo na bokauki mpe na molunge, bakoozala na makasa na mobesu mpe ikobotaka ebele na ba mbuma (Yelimia 17 : 7-8).

Bandimi oyo bazali kobika koolandana na Liloba na Nzambe na wapi mapamboli nioso makowutaka, bakozala na eleoko moko te na kobanga ata na kasi na mikakatano. Bakokmonaka na tango nioso loboko na bolingo na Nzambe mpe na mapamboli.

Na boye, Nabondeli na nkmbo na Nkolo ete bokotala liboso epai na nkembo eye ekotalisama epai na bino mpe bokolisa Baton a esengo kati na bino. Nabondeli ete bkokka kosepela mapamboli na solo eye Nzambe Tata Azali kopesa na bino na lolenge loleki likolo, kati na mokili oyo mpe kati na Lola.

'Esengo ezali na moto oyo aboyi
Kobila toli na bato mabe,
Oyo atelemi na nzela na
Bato na masumu te,
Oyo afandi esika moko na batioli te !
Kas imposa na ye ezali kati na
Mobeko na YAWE;
Akokanisaka mpe Mobeko na Ye
butu na moi.
Azali lokola nzete oyo
Elonami penepene na bitima na mai,
Oyo ekobotaka mbuma na yango
Na ntango ekoki; nkasa na yango
Ikokaukaka te.
Nioso ekosalaka ye ebongi"
(Nzembo 1:1-3).

Mokomi:
Dr. Jaerock Lee

Dr Lee abotama na Muan Province na Jeonnam, Republique na Coree, na 1943. Na tango azalaka na ba ntuku mibale ma ye, Dr. Lee anyokwama na ba bokono kilikili mpona ba mbula sambo mpe azalaka kaka kozela kufa na elikya moko te na kozongela nzoto malamu. Kasi mokolo moko kati na tango moi elingaka kokoma makasi mingi na 1974 akambamaki na egelesia epai na kulutu na ye ya muasi mpe na tango afukamaki mpona kobondela, Nzambe na bomoi Abikisaki ye na mbala moko na ba bokono na ye nioso.

Wuta mokolo akutanaki na Nzambe na bomoi na nzela na likambo wana na kokamwisa, Dr. Lee alinga Nzambe na motema na ye mobimba kati na bosolo, mpe na mbula 1978 abiagamaki mpona kokoma mosali na Nzambe. Abondelaka makasi mingi na kokila mingi na bilei mpo ete akoka kososola malamu mingi mokano na Nzambe, akokisa yango na mobimba mpe atosa Liloba na Nzambe. Na 1982, abandisaka Manmin egelesia Central na Seoul, Korea na ngele, mpe misala mingi na Nzambe, ata, bikamwa na lobiko, bilembo mpe bikamwiseli, mibanda kati na lingomba na ye wuta wana.

1986, Dr. Lee azalaki ordonner lokola Pasteur na Mayangani na Mbula na Yesu Egelesia Sungkyul na Coree, mpe sima mbula minei na 1990, mateya ma ye mabanda kotalisama na Australie, Rusia, mpe ba Philippines. Kaka sima na tango moke ba mboka ebele koleka mikomaki mpe kolanda o nzela na Companie na telediffusion na asia na moi kobima, Stion na telediffusion na Asia, mpe Systeme Radio na Bakristu na Washington.

Mbula misato na sima, na 1993, Egelesia Central Manmin eponamaki lokola moko na "Mangomba 50 na Mokili" na magazine na Mokili na Bakristu mpe azwaka Doctora Honorius na Bonzambe na College na Kondima na Bakristu, na Floride, America, mpe na 1996 azwaka Ph.D. na Mosala na Nzambe na Kingsway Seminaire ya Theologique, na Iowa, America.

Wuta 1993, Dr. Lee abanda kopalanganisa sango malamu kati na mokili mobimba na nzela na ba croisade na bikolo na bapaya na Tanzanie, Argentine, L.A., Baltimore City, Hawai, mpe na New York na America, Uganda, Japon, Pakistan, Kenya, Philippine, Honduras, Inde, Russie, Allemagne, Peru, Republique Democratique ya Congo, Yisalele mpe Estonie.

Na 2002 andimamaka lokola "molamusi na mokili mobimba" mpona mosala na ye na nguya na ba croisade ebele na bikolo na bapaya na ba Makasa minene na ba Sango na

Bakristu na Coree. Mingi mingi ezalaki Croisade na ye na New York City na Madison Square Garden, Ndako na ekenda Sango mokili mobimba. Milulu etalisamaki na ba mboka 220, mpe na 'Croisade na ye na Yisalele na 2009', esalamaki na Centre na Convetion International (CCI) na Yelusaleme Atatolaka na Mongongo makasi été Yesu Christu Azali Messia mpe Mobikisi.

Mateya ma ye mitalisamaka na ba mboka 176 na nzela na satellite kosangisa GCN TV mpe abengamaka kati na basali 10 baleki na kokangola bato na 2009 mpe 2010 na magazine ekenda sango na bato na Rusia magazine na Bakristu In Victory mpe agence na ba sango Telegraph na Bakristu mpona mosala na nguya makasi o nzela na bitando mpe mosala na ye kati na ba egelesia na mikili na ba paya na nzela na mosala na Sango Malamu.

Kobanda sanza na Mai na 2013, Egelesia Central Manmin ezali na lingomba koleka 120,000 na bato. Ezali na ba branche 10,000 na ba egelesia na mokili mobimba mpe ba branche 56 na mboka, mpe na ba missionaire 123 batindama na ba mboka 23, ata America, Rusia, Allemagne, Canada, Japon, China, France, Inde, Kenya, mpe mingi koleka, kino lelo.

Kino na mokolo na kobimisa buku oyo, Dr. Lee akoma ba buku 85, ata ba buku mikenda sango, Komeka bomoi na seko liboso na kufa, Bomoi na ngai bondimi na ngai I &II, Sango na ekulusu, bitape kati na kondima, Lola I & II, Hell, Lamuka Yisalele!, Nguya na Nzambe, misala ma ye mobongolisama na ba koto koleka 75.

Ba kolone na makomi ma ye na Bakristu mibimaka na Haankook Ilbo, Hebdomadaire Joong Ang, Chosun Ilbo, Dong-A Ilbo, Munhwa Ilbo, Seoul Shinmun, Kyughyang shinmun, Hebdomadaire economique na Coree, Herald Coreen, Ba Sango Shisa, mpe presse Chretienne.

Sasaipi Dr. Lee azali mokambi na ba organization missionaire ebele mpe na masanga. Ebonga na ye ezali: President, Lisanga na ba egelesia na Yesu Christu na kobulisama; President, Manmin Mission na Mokili mobimba. Na Lelo President, BoKristu na mokili mobimba na Mission na Association na Bolamuki; Fondateur & President na conseil na Administration, Reseau Mondiale na ba Minganga Bakristu (WCDN0 ; mpe mobandisi & President na conseil d'administration, Seminaire Internationale Manmin (MIS).

Heaven I & II

A detailed sketch of the gorgeous living environment the heavenly citizens enjoy and beautiful description of different levels of heavenly kingdoms.

The Message of the Cross

A powerful awakening message for all the people who are spiritually asleep In this book you will find the reason Jesus is the only Savior and the true love of God.

Hell

An earnest message to all mankind from God, who wishes not even one soul to fall into the depths of hell! You will discover the never-before-revealed account of the cruel reality of the Lower Grave and hell.

Tasting Eternal Life Before Death

A testimonial memoirs of Dr. Jaerock Lee, who was born gain and saved from the valley of death and has been leading an exemplary Christian life.

The Measure of Faith

What kind of a dwelling place, crown and reward are prepared for you in heaven? This book provides with wisdom and guidance for you to measure your faith and cultivate the best and most mature faith.